Resiliência

José Carlos Pereira

Resiliência
PARA LIDAR COM PRESSÕES E SITUAÇÕES ADVERSAS

EDITORA
IDEIAS &
LETRAS

DIREÇÃO EDITORIAL:
Marlos Aurélio

CONSELHO EDITORIAL:
Avelino Grassi
Fábio E. R. Silva
Mauro Vilela
Márcio Fabri dos Anjos

COPIDESQUE:
Ana Rosa Barbosa

REVISÃO:
Leo A. de Andrade

DIAGRAMAÇÃO:
Tatiana A. Crivellari

CAPA:
Marco Mancen

8ª impressão
© Editora Ideias & Letras, 2022

Avenida São Gabriel, 495
Conjunto 42 - 4º andar
Jardim Paulista – São Paulo/SP
Cep: 01435-001
Televendas: 0800 777 6004
vendas@ideiaseletras.com.br
www.ideiaseletras.com.br

Dados Internacionais de Catalogação na Publicação (CIP)
(Câmara Brasileira do Livro, SP, Brasil)

Resiliência: para lidar com pressões e situações adversas / José Carlos Pereira.
São Paulo-SP: Ideias & Letras, 2015.
Bibliografia.
ISBN 978-85-65893-90-9
1. Espiritualidade 2. Fé 3. Resiliência (Psicologia)
4. Superação 5. Vida - Dificuldades I. Título.

15-06492   CDD-158.1

Índice para catálogo sistemático:
1. Filosofia contemporânea 199

Sumário

Introdução   **7**

I. Aproveite as oportunidades   13
II. Pensar é doloroso   21
III. O tempo e a eternidade   37
IV. O segredo da felicidade   47
V. Resiliência: a capacidade de superação   55
VI. Não basta vencer, é preciso convencer   63
VII. Viver para servir   71
VIII. O medo de sentir medo   77
IX. Pequenos prazeres da vida   87
X. A vida: uma viagem sem volta   99
XI. Quando o imanente e o transcendente se tocam   103
XII. A resiliência é uma força interior   111

Considerações finais   **125**
Referências bibliográficas   **133**

"Seja **resiliente**, acredite na sua força, no seu potencial, creia que é capaz e você será!"

Roger Stankewski [1]

---

[1] Disponível em: http://pensador.uol.com.br/frase/MTEwNzgxMQ/

Introdução

A capacidade que temos de lidar com problemas, superando obstáculos ou resistindo às pressões de situações adversas, é o tema deste livro. Somos, todos os dias, testados nas nossas capacidades e, sem que percebamos, nós nos reerguemos das quedas e recomeçamos. Todo dia é um recomeçar, mas o recomeço nem sempre é fácil. É preciso força, resistência, ou, em outras palavras, é preciso aquilo que chamamos de resiliência. É sobre essa palavrinha mágica que refletiremos neste livro, não como um tratado sobre o termo, mas sobre situações do cotidiano em que ela aparece, revelando essa capacidade inerente que temos para resistir e superar.

Exemplos não nos faltam. Eles estão nos livros, nos filmes e até na Bíblia. Eles ajudam não apenas a ilustrar nossas experiências pessoais, mas também a entender melhor nossas resistências e, assim, lidar melhor com elas. Vejamos o exemplo de Jó, na Bíblia. Jó tinha tudo. Era um homem rico, saudável e feliz. Tinha uma bela família, posses e, consequentemente, muitos amigos. Dizia confiar plenamente em Deus. Alguns podem dizer: é fácil confiar em Deus quando se tem tudo do bom e do melhor! Porém, num dado momento de sua vida ele começa a perder tudo: seus bens, amigos, sua família, saúde e vive um drama terrível, ficando só e na miséria. Restou-lhe apenas sua fé em Deus. Os que ainda estavam perto questionavam o tempo todo: até quando Jó resistiria a essas adversidades? Até quando ele seria capaz de suportar tantas perdas, tanta dor? Até quando ele permaneceria confiando em Deus? Diante dessa tragédia revela-se a resiliência em Jó, que se mantém firme, não desistindo de Deus. Sua fé é tamanha que o faz suportar todas essas perdas e suas consequências, e recomeçar a vida. A resistência de Jó é fé, mas é também o que chamamos de resiliência. É ela que, com a fé, ajuda-nos a suportar e superar os momentos de sofrimentos, por mais intensos que sejam.

A sabedoria oriental diz que o ciclo da vida contempla quatro sofrimentos inevitáveis: nascimento, doença, velhice e morte. Para lidar com eles, buscamos diversas ferramentas, entre elas, a religião e, dentro da religião, seja ela qual for, a fé em um ser superior, e a espiritualidade que essa religião propicia. Ter consciência desses sofrimentos é o primeiro passo para lidar com eles, mas são precisos outros procedimentos, para os quais vamos encontrando, a nossa maneira, ao longo da vida, nossas próprias ferramentas, ou procedimentos. Uns têm ações mais eficazes, outros menos, mas de alguma maneira lidamos com eles. Quem não aprender a lidar com eles irá torná-los mais difíceis do que são.

A vida nos oferece um instrumento natural chamado resiliência, que é a capacidade de lidar com problemas, superar obstáculos ou resistir à pressão de situações adversas sem se deixar sucumbir por elas; mesmo que isso ocorra, a resiliência entra em ação para resgatar e nos colocar em pé. Essa capacidade natural do ser humano, aliada à espiritualidade e à sua crença, torna-o capaz de superar coisas aparentemente insuperáveis. É o que vemos constantemente. Vez por outra tomamos conhecimento de pessoas que superam situações que pareciam não ter mais solução. O próprio organismo tem uma capacidade de regeneração fantástica. Somente quando algo não vai bem é que o organismo tem dificuldade de superar, mas mesmo assim há uma luta constante para que isso ocorra. Vejamos quando ferimos alguma parte de nosso corpo. Aos poucos o ferimento vai cicatrizando até desaparecer, exceto se a pessoa sofrer de diabetes ou outro tipo de doença que dificulte a regeneração da pele. Assim também acontece com os ferimentos da alma. Eles são dolorosos e, dependendo da psique de cada um, há um tempo para que sejam cicatrizados. Esse conjunto de reações que formam nosso ser nos torna pessoas capazes de enfrentar as maiores adversidades e, muitas vezes, sobreviver a elas. É o instinto da vida que pulsa em nós e em qualquer ser vivo.

O propósito deste livro é refletir sobre essas e outras situações e ajudar a fortalecer esses "instintos naturais", ou nosso próprio ser, pois ninguém está isento de sofrimento. Veremos que viver é sofrer, pois a vida é uma constante luta contra a morte e toda luta, ou batalha, é cansativa e dolorosa, mas também prazerosa. Assim, dor e prazer são dois lados da mesma face da vida e estão estreitamente amalgamados. Ninguém vive só de dores ou de prazeres.

Os temas aqui tratados não são sequenciais, mas são correlatos. São temas que refletem sobre as diversas situações da vida e nos colocam diante de situações sobre as quais nem sempre pensamos. Quando refletimos sobre certos temas ou situações, entendemos sua dinâmica e razão de ser e, ao entendê-los, lidamos melhor com eles e com tudo o que os cerca ou que desencadeia tais situações. Desse modo, trato primeiramente do pensamento e demonstro que pensar dói.

Veremos que há dois tipos de dor: uma literal e outra psicológica. A literal é aquela dor de cabeça resultado da tensão. Quando prestamos uma prova ou exame que exige demais do pensamento, da reflexão, é comum sentir dores de cabeça, pois a tensão ou pressão de uma prova provoca tal dor, naturalmente explicada pelos médicos. Mas há também a dor de se ter consciência. Pessoas conscientes sofrem mais, pois ter consciência de determinada situação ou condição é doloroso se não for a condição ou situação desejada. Há um dito popular que diz que "aquilo que os olhos não veem, o coração não sente". Esse dito expressa bem o sofrimento de saber, de se ter consciência de algo. Há também uma cobrança maior daqueles que sabem mais. Essa cobrança vem da sociedade e de nós mesmos. Há uma passagem bíblica que diz: "a quem muito é dado, muito será cobrado" (Lc 12,48). Ou seja, se sabemos mais, as cobranças são maiores e as responsabilidades também, e isso gera dor e sofrimento. Talvez por isso as crianças sofram menos, pois o sofrimento de uma criança é diferente daquele do adulto. O sofrimento causado pelas preocupações da vida cabe somente aos adultos e são desgastantes. Assim, pensar causa dor.

Outro tema tratado está estreitamente relacionado ao sofrimento da consciência de nossa finitude. Assim, proponho uma reflexão sobre o tempo, fazendo um paralelo com a eternidade. O que causa mais sofrimento: saber que a vida terá um fim ou que não haverá um fim? Esse parece ser um tema amplamente discutível e a proposta é exatamente essa, discutir, pensar sobre o tempo e a eternidade, usando diversas provocações teológicas, psicológicas e filosóficas. Dentro dessa temática aparece outra, a qual todos nós queremos: a felicidade, algo que Aristóteles disse ser o fim último do ser humano. A vida não é só tristeza e sofrimento, mas uma constante busca de felicidade, mas essa busca gera sofrimento. A vida é feita de momentos felizes e eles formam a maior parte de nossa vida. Existem graus de felicidade. Tudo indica que nós não atingimos a felicidade suprema nesta vida, mas podemos atingir graus de felicidades suficientes para termos uma vida de qualidade. Assim, proponho refletir também sobre o segredo da felicidade, que algumas religiões guardam a sete chaves. Sim, a felicidade tem seus segredos, suas senhas, mas sem receita pronta. É preciso descobrir essa senha para poder ter acesso a ela. Apontar pistas para descobrir tais segredos é o propósito do capítulo que trata desse tema.

Todas essas situações, e muitas outras, passam pela nossa capacidade de superação, que varia de acordo com cada pessoa. Sem a resiliência, sucumbiríamos na primeira dificuldade ou sofrimento. Ela vai nos mostrar que não basta vencer, é preciso convencer, tema tratado num capítulo à parte.

Enfim, este livro busca abordar o sentido da vida, mostrando que viver só tem sentido se nossa vida servir para algo. Longe de qualquer leitura instrumentalista ou utilitarista da vida, pretendo mostrar que uma vida que não serve a outras vidas é algo sem razão de ser, pois vivemos em um mundo onde tudo está relacionado, nada existe por acaso. A leitura não é da Biologia, mas da Teologia, da Psicologia, da Filosofia, mostrando que a completude do ser humano se dá na doação de sua vida, como a semente que morre para gerar outras, multiplicando assim sua existência. Quem não serve a outros, morre literalmente. Quem gasta sua vida servindo, doando-se a outros, fomenta muitas outras vidas e assim gera felicidade. Isso ajuda a explicar porque há pessoas que se dedicam tanto a outras, sem medir esforços.

Tudo isso é doloroso, e tudo o que é doloroso naturalmente causa medo. Aliás, o medo será outro tema abordado. O medo como balizador de nossas ações, mas também como obstáculo para o serviço, a doação e a própria liberdade de viver. Não obstante os medos, temos também muitas alegrias. É sobre isso a reflexão final deste livro. Os pequenos prazeres que dão sentido à vida, as coisas pequenas, corriqueiras, mas que são, na verdade, de uma grandeza descomunal. São coisas e situações fundamentais na nossa vida e que nos fazem pessoas mais completas.

Assim, os textos propostos nos ajudam a pensar. Para isso, uso diversas ferramentas, entre elas, como já dito, a Filosofia nos seus diversos desdobramentos; a Teologia, da qual emana a Espiritualidade e as doutrinas religiosas; a Psicologia, que trata de situações além do físico; a Antropologia, que trata do ser humano no seu contexto cultural e social; em suma, as Ciências Humanas de modo geral, pois dão ferramentas para compreendermos a vida e extrair dela o que há de melhor. Enfim, que os temas tratados, dentro da sua multidisciplinaridade, possam ajudá-la/lo a viver melhor. É esse o propósito principal deste livro, mesmo que para isso você tenha que enfrentar – e terá – diversos sofrimentos.

Aproveite as oportunidades

Cada amanhecer é uma oportunidade que Deus nos concede de sermos melhores. Tenhamos hoje o propósito de sermos melhores que ontem, e que amanhã nosso propósito seja o de sermos melhores do que fomos hoje e, assim, o mundo aos poucos será também um pouco melhor, porque nós estamos fazendo nossa parte, corrigindo-nos, melhorando, aperfeiçoando-nos na prática do bem e do amor ao próximo. A minha melhora, somada à de tantas outras pessoas, fará a diferença no mundo. Precisamos acreditar nisso para o mundo ser melhor. De nada adiantam grandes empreendimentos humanos se o ser humano, na sua particularidade, não fizer empreendimentos na sua vida para melhorar sua maneira de pensar e, consequentemente, seu comportamento. Martha Medeiros disse certa vez que ver alguém jogando uma lata de refrigerante pela janela do carro faz com que ela desacredite no ser humano. Isso porque pequenos gestos revelam nossa capacidade de transformar o mundo, para melhor ou pior. Está dentro de cada um a capacidade de mudar a si e ao mundo. Portanto, não vamos buscar fora o que podemos encontrar dentro de nós. O germe da transformação está no interior de cada um. Quem sabe cultivá-lo, obterá seus resultados.

Não tema alçar voos mais altos, mas comece voando baixo, reconhecendo suas fraquezas e limitações. Voe nas asas dos seus sonhos, mas não se esqueça de ficar com os pés no chão. Assim, aos poucos, as falhas serão corrigidas, você se aperfeiçoará e concretizará aquilo que alguns chamam de conversão e outros de evolução. Não importa o nome que se dê a esse processo, o que importa é que sejamos melhores a cada dia. Portanto, nos esforcemos sempre para fazer bem aquilo que nos foi confiado. Nossa tarefa é vencer os limites e cruzar os horizontes que se abrem a nossa frente. Disse Larry Norman[2]: "Duas estradas se bifurcaram no meio da minha vida. Ouvi um sábio dizer: pegue a estrada menos usada. E isso fez toda a diferença cada noite e cada dia".

A vida é assim mesmo, portanto, não siga rebanhos, multidões ou massas, pois lhe conduzirão apenas a lugares comuns, ou, pior ainda, não lhe conduzirão a lugar algum. Siga caminhos menos trilhados, ou abra você mesmo uma trilha no emaranhado da floresta da vida. Somente aqueles que ousam conseguem alcançar o que poucos alcançam. As dificuldades serão muitas, mas sem elas não se chega a lugar algum. Dúvidas você terá, e também vontade de desistir, mas se tiver fé e esperança, os caminhos vão sendo trilhados e as conquistas, obtidas. Lembre-se sempre: "não há sofrimento na Terra que o céu não possa curar". Que possamos deixar nossa vida ser guiada pela fé, e assim seremos sempre conduzidos pelo melhor caminho, porém,

---

2 NORMAN, Larry. *Roll away the stone*. EMI Music: 1980, faixa 3, LP.

não sem espinhos. Deus nos dará a força necessária para suportá-los com paciência, resignação e alegria, e assim atingiremos as metas desejadas.

Além disso, não tenha medo do novo, do desconhecido, e, acima de tudo, não faça o que todo mundo faz. Quem faz isso será apenas mais um na multidão. Faça a diferença, sendo bom naquilo que você faz e o resto virá naturalmente, como resultado de suas ações ímpares. "Quem tem estilo não segue rebanho", disse certa vez Oscar Wilde[3]. Ter estilo é ter personalidade, é ser e fazer diferente. Nem sempre o diferente é aceito porque provoca, incomoda e muito, por não querer enfrentar os desafios da provocação e não preferir se acomodar na igualdade de um grupo que nivela por baixo seus comportamentos. O filme *Fernão Capelo Gaivota*[4] mostra com maestria o desejo de não se acomodar aos limites do bando e voar mais alto. Mas isso tem um preço: a rejeição, ou o que hoje se chama de *bullying*. Ter coragem de enfrentar o "bando", o grupo, ou a sociedade é o primeiro passo para alçar voos mais altos e atingir o que muitos consideram inatingível. Se para Deus nada é impossível, Ele nos dotou da capacidade de atingir esse "impossível", seja a altura do céu ou as profundezas da Terra.

Mas não esqueçamos nunca: o único caminho que conduz ao céu é o do amor e da prática da justiça. E este deve ser trilhado com humildade, reconhecendo sempre a grandeza de Deus que tudo pode, e que em tudo nos fortalece. Tudo nós podemos naquele que nos fortalece. Sem esses sentimentos e procedimentos, todas as tentativas

---
3 WILDE, Oscar. *O retrato de Dorian Gray*. São Paulo: Martin Claret, 2001.
4 FERNÃO Capelo Gaivota. Direção e produção: Hall Bartlet. EUA: Paramount Pictures, 1973, DVD (120 minutos). Título original: *Jonathan Livingston Seagull*.

serão em vão e fracassaremos. Sejamos justos e amemos nossos semelhantes e, assim, estaremos no caminho que conduz a Deus, pois todas as demais ações derivam destas duas primordiais: amor e justiça.

No decurso desta vida, deixemos de lado as pequenas coisas, sobretudo as banais, que em nada edificam nossa vida nem a dos nossos semelhantes. Cuidemos daquilo que é elementar para a vida em plenitude: nossa fé, o combustível que nos leva muito mais longe do que podemos imaginar. É ela que faz com que trilhemos muitos caminhos e atravessemos todas as estações da vida e do ano, que nos lembram que a vida é dinâmica, com mudanças que significam crescimento, avanço, evolução ou qualquer outra nomenclatura que possa representar a grandeza e, ao mesmo tempo, a pequenez do que somos. Por isso as estações são metáforas da vida, que é passageira. Somos semelhantes às folhas que um dia nascem verdejantes, desenvolvem-se e aos poucos vão amarelando, mudando as tonalidades das suas cores, até caírem e serem levadas pelo vento, tornando-se pó. Somos, portanto, passageiros desta nave que se chama mundo, e devemos estar prontos para desembarcar em qualquer estação. Portanto, não se acomode nas "poltronas" que a vida lhe oferece, achando que estará nela para sempre. Por mais confortáveis que sejam, um dia você terá de cedê-las a outra pessoa que ocupará seu lugar. Mas nem por isso deixe de curtir as paisagens que este trajeto oferece. Se a paisagem que você está vendo agora não é a que você queria, tenha calma, logo virão outras e mais outras, e entre elas haverá muita beleza para ser contemplada e desfrutada. Seja primavera, verão, outono ou inverno, sempre haverá uma paisagem bela para ser vivida em cada estação. Siga em frente, dando o melhor de si, e a vida se encarregará de fazer sua parte. Pois a vida deve ser vivida na fé e na confiança em Deus, o único que tudo sabe sobre nós e nos protege.

Sentir a proteção de Deus é algo maravilhoso, principalmente quando se está à beira dos abismos que a vida oferece. Sintamos, portanto, o amparo da mão de Deus e o resgate de nossas quedas e prostrações. Se estivermos vivendo alguma situação difícil ou de desânimo, lembremos sempre: para Deus, nada é impossível! Basta confiar que Ele ampara e protege. Assim, não deixemos de perceber e de agarrar as "mãos" que Deus coloca constantemente em nossos caminhos para nos proteger e livrar dos perigos. Que cada um possa transmitir, por meio de seus atos e palavras, a presença amorosa de Deus que ama e nos acolhe num grande abraço, como o pai acolheu o filho pródigo. Sejamos uns para os outros sinais da presença de Deus, e que nenhum gesto ou palavra agrida ou diminua a vida de nossos semelhantes. Sejamos uns para os outros uma espécie de bom pastor, que cuida e ampara.

A imagem de Jesus, o Bom Pastor, dá-nos segurança e confiança e nos ensina a imitar suas ações. É muito bom saber que Deus nos ama, ampara e carrega nos ombros, sobretudo nos momentos mais difíceis de nossa vida, como diz aquele conto *Pegadas na areia*.[5] Como Ele mesmo diz (Mt 11,28): "Vinde a mim, vós todos que estais cansados e fatigados com o peso de vossos fardos, e eu vos darei descanso". Se você tem passado por situações difíceis, confie Nele e com certeza Ele agirá, como diz o Evangelho. Num mundo repleto de inseguranças, que possamos

---

5 POWERS, Margaret Fishback. *Livro de pensamentos diários*. Alfragide, Portugal: Estrela do Mar, 2009.

sentir sempre a mão de Deus nos amparando e protegendo dos perigos que porventura possam rondar nossa vida. Que, na fragilidade da nossa existência, possamos vislumbrar a presença de Deus que não nos deixa submergir nas águas tempestuosas da vida, mas nos toma pela mão e nos salva das tribulações, e que nos traz nos ombros como o bom pastor trouxe a ovelha perdida que encontrara ferida.

Todos os dias, ao pôr do sol, façamos nossa prece agradecendo a Deus por mais um dia que Ele nos concedeu. Cada dia que começa é uma graça; cada dia que termina é a confirmação dessa graça, não importa como tenha sido. Que em cada dia sintamos como se estivéssemos nos braços de Deus, amparados e protegidos por Ele, e sigamos sem medo nossa missão, além do horizonte. Que todas as nossas ações sejam guiadas por Ele e para Ele. Que todos os que se aproximarem de nós sintam imanar a presença de Deus que em nós habita. Que tenhamos os ouvidos bem atentos aos apelos de Deus que chegam por meio das coisas mais simples da vida, seja no sopro do vento, nas ondas do mar ou no sorriso de uma criança.

"A alma é curada ao estar com crianças", disse Dostoiévski.[6] E é bem isso! Nada mais puro que os sentimentos de uma criança; elas nos ensinam a ser mais humanos. Jesus ensinou isso em diversos momentos de sua vida pública e disse claramente que aquele que não se tornar como uma criança não entrará no Reino do Céu. As crianças nos dizem muito sem pronunciar uma palavra. E as coisas que dizemos às crianças ganham muito mais força se forem acompanhadas de exemplos concretos, mais do que de palavras. "Um gesto vale mais que mil palavras", diz um dito popular.

---

6 DOSTOIÉVSKI, Fiódor. *Os irmãos Karamázov*. Tradução de Paulo Bezerra. São Paulo: Editora 34, v. 2, 2013.

Sejamos, portanto, coerentes nos nossos ensinamentos com as crianças de qualquer idade. Sejamos coerentes conosco. A coerência é fundamental para o bom êxito na vida.

II

Pensar é doloroso

Pretendo, neste capítulo, conduzir uma reflexão sobre o pensamento, ou o ato de pensar, com ênfase na dor que ele provoca. Pensar sobre o pensamento não é algo comum, embora não fiquemos sequer um momento sem pensar. Sempre, de alguma forma, estamos pensando. Até quando dormimos, pensamos, porque os sonhos são de alguma maneira uma forma de pensar. Algumas religiões chegam a propor exercícios da elevação do pensamento para que a pessoa atinja um momento em que deixa de pensar. Será que isso é possível? Dizem que são poucos os que atingem esse grau de meditação, mas, mesmo atingindo-o, não se deixa de pensar. A pessoa simplesmente purifica seu pensamento nesse estágio da meditação, porque nossa mente vive poluída de pensamentos rasos, banais, que em nada contribuem para nosso crescimento pessoal, espiritual e intelectual. Eles apenas ocupam a mente e povoam o dia a dia de nossa existência.

Vemos, assim, que há maneiras e maneiras de pensar. Porém, quero aqui enfatizar o ato de pensar como provocativo, exercício da razão. Pensar é um exercício como qualquer outro. O corpo necessita de exercício para não se atrofiar. Com a mente precisamos ter o mesmo cuidado. Aquela que não se exercita, atrofia-se, vai ficando cada vez menor e uma mente pequena, curta, faz com que as pessoas enxerguem pouco, isto é, entendam limitadamente as coisas. O mais estarrecedor é saber que não são poucas as pessoas de mente atrofiada. E o pior é que essas pessoas não têm consciência disso. Desse modo, como perceber os sintomas de uma mente atrofiada? Não é preciso ser neurologista para detectar esse mal, basta observar atitudes, procedimentos e falas das pessoas. Elas revelam a dimensão de seu pensamento, da sua mente. Sugiro que observem o que postam nas redes sociais. Nesta era de comunicação virtual, somos o que postamos. Verifique o que postam, curtem ou compartilham. As mais banais são comumente as mais *curtidas* ou *compartilhadas*, isso sem falar do vazio interior que alguns podem revelar nos seus perfis. Expressões e imagens que demonstram quem são e o que pensam. Há quem poste o prato de comida do almoço, ou que diz que vai ao banheiro ou que fará isso ou aquilo, ou seja, as ações corriqueiras do dia a dia, o que não faz o menor sentido compartilhar.

Assim, as redes sociais e os demais meios de comunicação revelam pensamentos que refletem sobre a existência e a qualidade dessa existência. Percebe como é fácil conhecer os pensamentos, as ideias de uma pessoa? O pensamento, embora seja o que de mais secreto temos, revela-se nos nossos atos. Somos o que pensamos! O que nos faz lembrar a expressão usada por Ludwig Wittgenstein, de que "os limites da minha linguagem denotam os limites de meu mundo".[7] A linguagem revela o que pensamos e o que pensamos revela quem somos e o mundo em que vivemos. Assim, o pensamento não é uma coisa à toa. Lupicínio Rodrigues diz em uma de suas canções (*Felicidade* – 1933)[8] que "o pensamento parece uma coisa à toa, mas como é que a gente voa quando começa a pensar". O pensar nos concede asas. Voar aqui não quer dizer viver com a cabeça nas nuvens. Há muita gente que vive com a cabeça nas nuvens, no sentido figurado da expressão, mas essas pessoas não vivem, sobrevivem. Viver é muito mais que divagar em pensamentos que servem como fuga da realidade. Viver é questionar a própria existência e suas razões.

Segundo o filósofo René Descartes, é o pensar que define, ou que marca nossa existência como seres humanos. "Penso, logo existo", afirma o filósofo na sua obra *Discurso sobre o método*[9], na qual ele permeia a autoridade da razão. Mas ele se refere ao pensamento filosófico e não à ideia que o senso comum tem sobre o pensamento. Refere-se ao pensamento que reflete e questiona as razões da nossa existência e de tudo o que nos cerca ou acreditamos ser, inclusive nossas ações como seres pensantes. Nesse sentido, pensar não é algo tão simples. É um exercício doloroso e, assim, muitos preferem não pensar e buscam subterfúgios ou ações para não pensar. É doloroso em dois sentidos: o primeiro, no sentido literal. Como já dito anteriormente, é comum que certas pessoas sintam dores de cabeça depois de uma prova, ou exame que

---
7 WITTGENSTEIN, Ludwig. *Tractatus Logico-philosophicus*. Tradução de José Arthur Giannotti. Companhia Editora Nacional/Editora da Universidade de São Paulo: São Paulo, 1968, p. 5.
8 VELOSO, Caetano. Felicidade. De Lupicínio Rodrigues. Em: *Temporada de verão – ao vivo na Bahia*. Universal Music: 1974, faixa 9, LP.
9 DESCARTES, René. *O discurso do método*. São Paulo: Martin Claret, 2008.

exigiu muito empenho e dedicação, muita concentração, ou seja, quando se exigiu muito do pensamento. As tensões e energias canalizadas para executar uma prova podem provocar literalmente dores de cabeça. O segundo é uma dor no sentido figurado. Quem pensa toma consciência da realidade e, ao constatar a situação real da sua existência, sentir-se-á angustiado. Essa angústia é desconfortante, similar a uma dor de cabeça, mas necessária para o crescimento intelectual. Muitos filósofos revelaram essa faceta da angústia em suas vidas, como Kierkegaard[10], Schopenhauer, Nietzsche, entre outros. Para Kierkegaard, a angústia gerada pela liberdade de pensar é o demarcador de nossas possibilidades de escolha, da nossa liberdade, responsabilidade pessoal e do nosso autoconhecimento, o que nos leva de um estado de imediatismo não autoconsciente a uma reflexão autoconsciente. Assim, a angústia gerada pela reflexão profunda, ou pelo pensamento, é o que nos torna verdadeiramente conscientes de nosso potencial, e isso só é possível pela experiência de ansiedade ou de angústia que o pensamento produz. Desse modo, a angústia possui duas facetas: uma pode levar a atitudes erradas, que Kierkegaard chama de pecado; outra pode conduzir ao reconhecimento ou realização da identidade e liberdade de cada um. Porém, para obtê-la é preciso passar pela angústia. Quem não passa pela angústia do pensamento não atinge esse grau de liberdade.

Para o filósofo alemão Arthur Schopenhauer[11], viver é uma angústia, porque viver é sofrer. Sua filosofia é, aparentemente, pessimista em relação à vida, exatamente porque

---
10 KIERKEGAARD, Søren. *Temor e tremor*. São Paulo: Hemus, 2008.
11 SCHOPENHAUER, Arthur. *A sabedoria da vida: a arte de organizar a vida e ter prazer e sucesso*. São Paulo: Golden Books, 2007.

aquele que pensa na vida, ou sobre ela, reconhece suas limitações ou sua insignificância, e sofre por isso. Para Schopenhauer, por mais que se tente encontrar um significado ou sentido para a vida, ela não possui sentido ou finalidade alguma. Comumente colocamos nossas esperanças ou o sentido da nossa vida, nas nossas vontades, nos nossos sonhos e projetos, nas nossas buscas, mas as próprias vontades, segundo Schopenhauer, são um mal. A vontade de vencer na vida, de obter algo a todo custo gera angústia e dor e os momentos de prazer, por mais intensos que sejam, são efêmeros, intervalos ante a infelicidade, segundo ele.

Já Friedrich Nietzsche, com base no pensamento de Schopenhauer, trata em sua filosofia da angústia gerada pela busca da compreensão do sofrimento e da tragicidade da existência humana, porque ela é permeada pela dor, solidão e morte, situações que Nietzsche[12] vivenciou concretamente. À vista disso, Nietzsche busca na filosofia grega os fundamentos para a compreensão da existência, defendendo a ideia de uma vida sem bens em excesso, sem acúmulos, sem nada em demasia. Essa é, segundo ele, uma forma de combater os instintos e paixões que ludibriam a real existência. Aqueles que colocam o sentido da sua vida e felicidade nas coisas que possuem são infelizes e sem consciência da sua real existência. Segundo Nietzsche, é preciso ter consciência de que a vida é trágica. Somente assim podemos desviar os olhos da nossa própria indigência, do nosso horizonte limitado e conceder mais alegria à vida. É uma constatação paradoxal, mas, de acordo com Nietzsche, a vida é paradoxal.

---

12   NIETZSCHE, Friedrich. *Assim falou Zaratustra: um livro para todos e para ninguém*. Tradução de Paulo César de Souza. São Paulo: Companhia das Letras, 2011.

Assim, esses pensadores revelaram em suas filosofias certa angústia, porque pensaram profundamente sobre o sentido da vida, e o resultado de seus pensamentos se tornou referência, clássicos da filosofia, sobretudo da existencialista. Alguns foram até considerados loucos por pensarem de forma tão contundente a existência humana. Porém, o extremo da sanidade não deixa de ser uma forma de loucura. É muito tênue a linha imaginária entre a sanidade e a loucura. A normalidade é, antes de tudo, um conceito cultural. Aquilo que é normal numa dada sociedade pode não ser em outra. Porém, independentemente da sociedade, são tidas como normais aquelas pessoas que pensam e agem iguais à maioria do seu grupo, sua comunidade ou sociedade, cujos pensamentos ou ações não passam de mera reprodução daquilo que os demais pensam ou fazem. Quem pensa diferente do seu grupo é também visto como diferente, isto é, anormal e passível de rejeição. T. S. Eliot diz que "numa terra de fugitivos, quem caminha na direção contrária parece estar fugindo"[13]. Ou seja, quem pensa diferente, ou quem realmente pensa, é tido como "anormal", ou recebe do grupo outros adjetivos depreciativos. Isso acontece na própria escola. Alunos que se destacam da maioria são comumente rejeitados ou sofrem algum tipo de agressão do grupo por pensarem e serem diferentes. Isso traz "dor de cabeça" para ele e seus familiares, como visto anteriormente, quando dizia que "pensar dói".

O senso comum expressa bem esse sentimento da dor de cabeça no sentido figurado do termo, ao se referir a situações que trazem certas complicações na vida daquele que nela interfere. Certa vez, uma pessoa me disse: "Se você não quer ter dor

---
13 ELIOT, T. S. Em: ALVES, Rubem. *A escola que sempre sonhei sem imaginar que pudesse existir.* Campinas: Papirus, 2001, p. 33.

de cabeça, não mexa com isso". Ou seja, ela me aconselhou a não me envolver com determinada situação para não ter complicações na minha vida, ou não ter trabalho. Boa parte das pessoas não se envolve em causas sociais ou situações conflitantes para não ter complicações, ou seja, para não ter "dor de cabeça". É muito mais cômodo se omitir diante de certos acontecimentos e viver uma suposta tranquilidade do que se envolver e ter complicações pessoais ou problemas para resolver. Somente quem não pensa consegue dormir tranquilo diante de situações de injustiça. Por isso, pensar dói e nem todos estão dispostos a enfrentar a dor causada pelo pensamento, que é necessária, semelhante às dores do parto. Sem dor, a mulher não pode dar à luz e uma nova vida não vem ao mundo. Sem dor, a razão não ilumina e sem luz ela deixa de ser razão. Assim, o período da razão foi chamado de Iluminismo. Esse foi um tempo em que surgiram grandes filósofos, pessoas preocupadas com o pensamento, com as grandes teorias e que lançaram luzes a muitas situações até então obscuras. Essas luzes refletem-se até hoje e ajudam a elucidar muitas questões de diversas naturezas. Esses filósofos viveram e se dedicaram integralmente ao pensamento. Ocuparam-se do pensamento.

À vista disso, conclui-se que pessoas muito ocupadas com outros afazeres não têm tempo para pensar. Muitas empresas usam desse expediente para controlar seus funcionários, dando-lhes muitas ocupações e distrações, para que não tenham tempo para pensar e, assim, não questionar certos procedimentos nem as situações de exploração em que vivem. Foi o que, de certa forma, a Revolução Industrial fez com a classe trabalhadora. O filme *Tempos modernos*[14],

---
14 TEMPOS Modernos. Direção: Charlie Chaplin. Produção: Patriciu Santans. EUA: United Artists, 1936. DVD (87 minutos). Título original: *Modern Times*.

de Charlie Chaplin, retrata bem essa situação, conduzindo o espectador a pensar na luta pela sobrevivência em um mundo moderno e industrializado, onde a máquina toma o lugar das pessoas, que são tratadas como máquinas que não pensam, mas agem acionadas por comando.

Há também aqueles que procuram ou inventam ocupações simplesmente para não pensar. O ativismo é inimigo do pensamento. Isso vale para todas as situações. Cuidado se sua vida anda sobrecarregada de ações, de muitos afazeres e sem tempo para reflexões! Você pode estar alienado da própria realidade em que vive, sem se dar conta dessa condição. Alienado não é somente aquele alheio a certas situações, ou que ignora determinadas coisas, mas também aquele que age sem pensar, aquele que não pausa as ações simplesmente para viver momentos de ociosidade. A ociosidade, em certo grau, é benéfica. Ela ajuda a rever as ações e abre caminho para que a pessoa pense na vida. Por essa razão, fazer um retiro espiritual de vez em quando é muito importante. Refiro-me a retiros em que a pessoa se afasta da agitação do dia a dia para olhar para dentro de si e pensar em sua condição efêmera neste mundo. É um desocupar-se temporariamente para poder se ocupar melhor, conferindo qualidade à vida.

No caminho inverso segue a terapia ocupacional. Como o próprio nome diz, ela busca dar ocupação a pessoas supostamente desocupadas, que não sabem ou não conseguem ocupar-se de maneira saudável. Assim, a terapia ocupacional busca ocupar, dar atividades aos pacientes, cujo tempo livre tornou-se um problema, para que não pensem neles e nas suas limitações. Enquanto o paciente está ocupado, busca-se resolver essa situação com os recursos das ciências, como a Psicologia ou Psicanálise.

Nesse caso, como diz o ditado popular, "cabeça desocupada é oficina do diabo". Pessoas nessas condições podem cometer atos de loucura, atentando contra a própria vida ou a de outros. Nessas situações, pensar é também perigoso, pois o pensamento não é guiado pela razão, que dá equilíbrio à pessoa, e quando isso acontece é preciso tomar medidas para evitar o pensamento. No caso, a ocupação é fundamental, terapêutica e necessária. É remédio e, como todo remédio, dever ser dosado. Assim, a falta ou o excesso de ocupação pode matar.

Se a ocupação distrai o pensamento, a desocupação dá espaço e oportunidade para o pensamento fluir. Quem está "desocupado" tem tempo para pensar, inventar, criar. É o que acontece, muitas vezes, com pessoas presas, que encontram as mais criativas maneiras de fuga ou procedimentos para driblar a segurança ou a realidade do cárcere. Neste caso, por ficar muito tempo na ociosidade, há quem trame situações de fuga ou se aperfeiçoe nos seus crimes por ter tempo para pensar. Assim, a terapia ocupacional nos presídios é necessária, pois ela busca, entre outras coisas, ocupar os presos com alguma atividade para que não pensem e, assim, possam esquecer as condições em que vivem, evitando atos de insanidade, ou a invenção de estratégias de fuga ou mesmo aperfeiçoamento do crime. Desse modo, pensar, nessas condições também é perigoso, podendo levar à loucura e ao suicídio, entre outras atitudes. Porém, um dos objetivos do sistema penal, na sua essência, é, além de punir, conceder tempo para que a pessoa pense no ato cometido, e, assim, reveja suas ações e mude de vida. Por isso, prender uma pessoa e deixá-la desocupada numa cela tem também, teoricamente, a função de conceder tempo para que ela pense e se converta, isto é, mude de vida.

Embora tal situação pareça paradoxal, tem certo sentido. Quem comete um crime revela ser uma pessoa que não está fazendo uso da razão, isto é, que não pensa como a maioria e, portanto, não é tida como normal. São muitos os fatores que levam uma pessoa a não pensar, a não usar sua racionalidade e a não se comportar como pessoas ditas normais, isto é, dentro dos padrões estabelecidos pela sociedade em que vive. Alguns desses fatores já foram citados, mas quero enfatizar duas questões fundamentais, básicas em qualquer sociedade: Educação e Saúde. Ambas, embora sendo de áreas distintas, ou tratadas como distintas, são inseparáveis, pois educação é saúde. Uma sociedade sem educação é uma sociedade violenta, pois mostra ser uma sociedade sem valores éticos e morais. Sem esses valores norteadores do comportamento social, as pessoas dificilmente respeitarão umas às outras nem o meio em que vivem, e a consequência desses procedimentos reflete em todas as demais áreas, sobretudo na área da Saúde. Portanto, uma sociedade que não investe em educação é doente física e mentalmente. Uma sociedade dirigida por pessoas que não pensam nos demais, que não cuidam da vida de todos, não pode ser considerada uma sociedade que pensa. E quem elege tais pessoas para cuidar da sociedade em que vive reflete claramente a carência de um pensamento crítico, reflexivo, resultado de uma boa educação. Vale lembrar que diploma não é sinal de boa educação. Educação é formação da consciência, é ensinar as pessoas a pensarem de modo crítico, transformador, das estruturas que as oprimem e não mera reprodução do pensamento de outros, principalmente quando esses "outros" têm interesses escusos. Bertolt Brecht[15] tem um poema chamado *O analfabeto político,* que

---

15 BRECHT, Bertolt. *O analfabeto político: textos escolhidos.* Tradução de Manuel Bandeira. São Paulo: Letras e Livros, 1990.

retrata bem a situação de uma sociedade que não investe em educação, cujos atos políticos são vistos como desconectados da realidade. Uma sociedade de pessoas "politicamente míopes", que não conseguem enxergar além dos seus limites pessoais. Essa condição é resultado da falta de investimento em educação, da carência do exercício do pensamento. O mundo precisa de pessoas que pensem para continuar a existir. Por isso fomos dotados de razão. Quem não usa a inteligência, a razão, o pensamento, está atentando contra a própria vida. Portanto, é preciso pensar sobre o pensamento, ou a ideia que temos sobre o mundo, nós mesmos e tudo o que nos cerca.

Os filósofos têm o pensamento como a principal ocupação, mas são tidos pelo senso comum como pessoas desocupadas. Um filósofo precisa de ociosidade, isto é, de tempo livre de outras ocupações para poder se ocupar do pensamento, pensar sobre o pensamento e as ocupações dos outros. Os melhores escritos nascem da desocupação de outras funções do seu autor. Distrações paralelas atrapalham o pensamento e tiram o foco das questões essenciais das quais se ocupa aquele que pensa. O mundo ocidental não está acostumado com o pensamento, e, portanto, com ações práticas, visíveis, que apresentam algum resultado imediato e são muito mais valorizadas do que aquelas que levam a pensar. Isso ocorre também no mundo acadêmico. Nem todas as universidades ensinam a pensar. Deveriam ensinar, mas muitas estão atreladas a certos sistemas educacionais e a interesses particulares, cujo objetivo principal não é pensar. As universidades nem sempre são espaços da manifestação livre do pensamento, mas reprodutoras de ideologias predeterminadas.

Assim, estudar Filosofia, ou outra ciência que ensine a pensar, soa como absurdo em muitas culturas do mundo ocidental. Comumente sobram vagas nos cursos de Filosofia, e os que entram nesses cursos têm que cumprir uma "grade curricular" que mais impede do que favorece o pensamento. Isso sem falar das disciplinas Filosofia e Sociologia no ensino médio, consideradas por muitos matérias desnecessárias, pois pensar para certas pessoas não é necessário, mas reproduzir certos pensamentos, sim. O bom aluno não é o que pensa, mas aquele que melhor reproduz o pensamento de outros que devem ser pensadores cujos pensamentos concordam com os do professor. Assim, bons alunos não são pensadores, mas reprodutores do pensamento de outros. Para isso são orientados a gastar seu tempo de estudo pesquisando o pensamento de outros e reproduzi-lo com fidelidade. Não são preparados para pesquisar o pensamento de outros para pensar diferente, mas para pensar igual. Essa reprodução não leva a nada, e não passa de perda de tempo. Estudar é conhecer o pensamento de outros para pensar diferente, com ideias originais que possam trazer novas contribuições para a sociedade. Para isso é preciso tempo, empenho, dedicação, horas de suposta ociosidade do corpo para que a mente produza novas ideias.

No entanto, muitos não percebem que os grandes inventos nasceram de horas e horas de pensamento, de pesquisa daqueles que os inventaram. Os grandes cientistas não são gênios, mas pessoas que se dedicaram ao exercício do pensamento, canalizando suas ideias para as ações pesquisadas. Pessoas que tiveram tempo livre para exercer livremente seu pensamento e souberam aproveitar esse tempo. Não basta ter tempo livre para pensar se a pessoa não foi preparada para o exercício do pensamento. Diante disso, pode-se perguntar: como exigir de um aluno que trabalha o dia todo e estuda à noite, que ele pense? Seu pensamento é impedido por vários fatores, inclusive pelo mais óbvio de todos que é o cansaço, além de tantas outras preocupações e situações que o envolvem. O que ele pode fazer é repetir, mecanicamente, com precariedade, ações que lhes são determinadas. Nada mais além se pode esperar, ou exigir, de quem estuda nessas condições, salvo algumas raras exceções. Formam-se, assim, pessoas pouco aptas para pensar.

Diz-se, de quem não pensa, que é uma pessoa alienada, e pessoas alienadas são convenientes para muitos sistemas. Quanto mais alienada for uma pessoa, menos ela vai questionar ou se envolver com questões políticas e sociais. Ela se acredita feliz porque toda pessoa alienada é supostamente feliz. Assim pensam alguns políticos e governantes e, por essa razão, quanto mais alienadas as pessoas forem, menos elas os incomodarão e, desse modo, terão menos problemas. Pessoas alienadas, além de felizes, estão satisfeitas com sua condição e, portanto, são pacíficas e consequentemente acomodadas. Elas não questionarão os desmandos políticos e manterão no poder aqueles que vivem da sua alienação. Rubem Alves tem uma expressão significativa para descrever essa condição, afirmando que "ostra feliz não faz pérola"[16]. É preciso que um grão de areia incomode a ostra para que ela faça a pérola. Sem o grão de areia a incomodar, a ostra não faria a pérola, diz ele. É preciso, portanto, que determinadas situações provoquem o pensamento para que ele produza algo novo, que promova a liberdade, que livre da prisão da ignorância. Mas esse

---

16 ALVES, Rubem. *Ostra feliz não faz pérola*. São Paulo: Planeta, 2008.

procedimento é doloroso. É essa a função da educação: exercitar o pensamento para livrar da ignorância. Assim, livros deveriam ter a função de nos livrar da ignorância, mas não é bem assim que as coisas funcionam. Vemos, portanto, que a maioria dos governantes não tem como prioridade a educação, ou uma educação que ensine a pensar, a se libertar da ignorância. Ela simplesmente forma, isto é, coloca numa forma. Diante dessa realidade, Paulo Freire[17] pensou a "pedagogia da libertação", cujo nome já diz tudo sobre sua função. Uma pedagogia que não seja mera reprodução ou repetição, mas que leve a pensar. Porém, há engrenagens para manter esse sistema de reprodução, e algumas são quase imperceptíveis, a começar pelos elementos que desmotivam os professores, como baixos salários, condições precárias de ensino, aprovação automática dos alunos etc., sem falar das cotas e uma série de situações que desvalorizam os alunos, tratando-os apenas como massa de manobra de um sistema que não quer uma educação que leve a pensar. Professores despreparados e desmotivados reproduzirão o que vivem e o que sentem e, assim, forma-se uma sociedade de pessoas que não pensam e que, portanto, não existem para os que detêm o poder. Não existem porque não têm condições de pensar sua condição existencial. Pessoas nessas condições não fazem ideia da miséria da sua própria existência devido ao seu grau de alienação. E são muitos os meios que contribuem para tal situação. Os meios de comunicação de massa são exemplos evidentes dessa realidade. Para detectar essa situação, vejamos quais são os livros, jornais e revistas mais vendidos; quais os programas de televisão mais assistidos;

---

17 FREIRE, Paulo. *Pedagogia do oprimido*. 23 ed. São Paulo: Paz e Terra, 1987.

quanto tempo a maioria das pessoas gasta em redes sociais, cujo teor de interatividade é vazio de reflexão, e outras tantas situações vividas no dia a dia e que contribuem para o não pensar.

A expressão "matar o tempo" aplicada a jogos e demais atividades lúdicas evidencia bem essa situação. Matar o tempo significa matar si próprio, pois quando matamos o tempo estamos, sem perceber, matando a nós mesmos, pois enquanto exercemos uma atividade lúdica não pensamos e, não pensando, não nos damos conta do tempo que passa e da vida que se esvai. E o pior é quando essas atividades lúdicas contribuem para a alienação, como é o caso do futebol e do carnaval. No Brasil se investe mais em escolas de samba e em estádios de futebol do que em escolas de educação sistemáticas. Técnicos de futebol são chamados de professores e professores são chamados de "tio" ou "tia". O salário de um jogador de futebol é centena de vezes maior que o de um professor e, portanto, o desejo da maioria dos garotos não é ser professor, mas jogador de futebol e o das garotas é serem modelos. Profissões que dão dinheiro e visibilidade, sem precisar estudar. Para que aprender a pensar quando se pode ter dinheiro sem trabalhar, e ser feliz sem precisar pensar? Para que se angustiar com pensamentos que refletem sobre a condição humana se há tantas maneiras de se viver sem ter de passar pela crise do pensamento? Essas questões podem apenas ajudar a pensar, mas a maioria das pessoas não vai refletir sobre elas.

III

O tempo e a eternidade

O tempo é algo intrigante! Passa igualmente para todos e ninguém consegue detê-lo; porém, as fases da vida mostram um descompasso do tempo, pelo menos aparentemente. Quando somos crianças o tempo parece uma eternidade, tudo demora a acontecer, e quando ficamos adultos o tempo parece passar tão depressa, vemos a vida que se esvai tão velozmente, que chega a ser angustiante. Na infância os dias são longos, as noites parecem infindáveis e ser adulto é o sonho de toda criança. Elas manifestam isso em procedimentos ou comportamentos. Um dia desses, no aeroporto, vi um garoto de não mais de quatro anos bravo porque a mãe lhe chamou de bebê. Outro, de aproximadamente cinco anos, igualmente nervoso porque os pais, em um restaurante, queriam colocá-lo numa cadeira de criança.

Por outro lado, o meio em que a criança vive (como a escola), os amiguinhos, os meios de comunicação e até seus pais influenciam seu amadurecimento precoce, abreviando etapas de suas vidas que deveriam ser vividas plenamente. As garotas mal aprendem a falar e já querem usar maquiagem e se vestir como suas mães ou outras mulheres que veem na TV ou nas revistas. Tudo isso sem falar na precocidade com que se iniciam atividades que até certo tempo eram reservadas aos jovens e adultos. E o pior é que muitos pais incentivam esse comportamento, ajudando a abreviar a infância, tornando a criança adolescente antes do tempo e os adolescentes, jovens antes da idade da juventude. Nesse ritmo frenético da vida e do tempo, é comum que na idade adulta tenhamos adultos com comportamentos de adolescentes, e adolescentes com comportamentos infantis, pois não viveram como deveriam as tão bem demarcadas fases da vida, sem conceder a elas seu tempo necessário para o crescimento saudável e equilibrado.

Assim, a fase da infância vai se reduzindo em alguns aspectos, cada vez mais, enquanto em outras fases, como na vida adulta, a pessoa custa a ter responsabilidades. Desse modo, há muitas contradições e incoerências no comportamento e na forma de tratamento que não condizem com a realidade, seja a realidade da criança, seja do adolescente, do jovem ou do adulto. Há inversões de valores e de ideais. Adultos que querem retroceder à fase da juventude e jovens que querem ser adolescentes. Esse desejo de retroceder no tempo se dá quando a pessoa toma consciência do tempo que perdeu, e essa consciência é despertada quando não se tem mais a idade que se queria ter. Viver cada fase da vida no seu tempo é algo que precisa ser trabalhado, mesmo que a sociedade insista em mostrar o contrário.

O presente é a única coisa que temos. É um desafio para os pais e demais educadores mostrarem essa realidade do tempo presente, porque nem sempre eles têm essa consciência do tempo. Preocupa-se em demasia com o futuro e se esquece do presente. As escolas mais conceituadas são aquelas que se preocupam com o futuro e os pais entram nessa engrenagem do sistema educacional, sobrecarregando seus filhos de atividades, sobrando pouco tempo para a criança brincar. A "clássica" pergunta feita às crianças: "o que você vai ser quando crescer?" diz de forma subliminar que ela ainda não é nada, e que só será alguém quando crescer. E esse alguém está relacionado com a profissão que ela exercerá, a carreira que ela seguirá. As profissões conferem o lugar que a pessoa ocupará na sociedade e sua respeitabilidade perante seu meio. Se a profissão for conceituada, a pessoa provavelmente terá certo grau de *status*; caso contrário, será marginalizada ou invisível. Nesse caso, ser é ter e ter é poder, e o poder classifica as pessoas, conferindo a elas valores. Assim, quem não tem uma profissão que lhe confira *status*, não será ninguém, ou será tida como medíocre, e a busca por essa profissão que conceda *status* começa bem cedo, antes que a criança tenha consciência dessa situação. É a mensagem passada pela "inocente" pergunta, "o que você vai ser quando crescer?".

Lidar com o tempo deveria ser assunto familiar e matéria na grade curricular das escolas. Deveria ser tema básico das aulas de Filosofia. Assim, quem sabe, saberíamos lidar melhor com o "monstro" do tempo, para que ele estivesse sempre a nosso favor, não deixando, assim, que ele nos devore com tanta ferocidade. Na mitologia grega, Cronos simboliza, entre outras coisas, o tempo que devorava os próprios filhos. Assim, o tempo nos devora aos poucos e a vida consiste numa luta constante contra ele. Desse modo, quem perde tempo, perde a própria vida. A canção *Solidão*[18], de Alceu Valença, fala dessa luta travada com o tempo quando sofremos de solidão. Diz a canção

---

18 VALENÇA, Alceu. Solidão. De Alceu Valença. Em: *Mágico*. Polygram: 1984, faixa 1, LP.

que "a solidão é fera, a solidão devora. É amiga das horas, prima irmã do tempo, que faz nossos relógios caminharem lentos, causando um descompasso no meu coração". Ou seja, é na solidão que tomamos conhecimento do tempo. É nessa condição de solidão que empreendemos com ele, o tempo, um grande embate. Na solidão, as horas torturam porque dão a sensação de passarem mais lentamente. Por isso, a solidão é comparada aqui a uma fera que devora. Não é a solidão que devora, é o tempo que dura a solidão que devora. Porém, na solidão o tempo devora com requintes cruéis, porque é nela que sentimos o peso do tempo. Por exemplo, na cama de um hospital, ou numa prisão, o tempo parece uma eternidade, e quando associado à solidão, ele se torna ainda mais lento e devorador. É desse tempo cronológico, que nos devora, que trata essa canção sobre a solidão.

Há outra canção igualmente significativa, de Nana Caymmi, que discorre sobre o tempo. Na canção intitulada *Resposta ao tempo*[19], há um diálogo com o tempo, colocado como se fosse outra pessoa, algo ou alguém que tem total controle sobre nossa vida. Ele não perdoa e não retarda, bate sempre na porta da frente de nossa existência. Quando o tempo bate em nossa porta, buscamos subterfúgios para despistá-lo, mas não tem jeito. São muitas as estratégias que usamos para driblar o tempo, mas todas elas não passam de tentativas de fuga do tempo e não escondem o quanto ele vai nos consumindo. O tempo zomba das nossas estratégias para detê-lo, diz a canção. Ele sabe passar e nós, não. O tempo passa e nos arrasta junto, mesmo que tentemos nos agarrar às nossas supostas seguranças e estratagemas. O tempo ri do tempo que perdemos, dos

---
19 CAYMMI, Nana. Resposta ao tempo. De Cristóvão Bastos e Aldir Blanc. Em: *Resposta ao tempo*. EMI: 1998, faixa 1, CD.

amores perdidos, das oportunidades perdidas, da vida que perdemos. Ele gira à nossa volta, sussurra e apaga os caminhos, as metas que traçamos e nos confunde. Lidar com o tempo é uma luta sem trégua e sem vitória. Ele sempre vence. Somos vencidos pelo tempo e por isso é preciso aprender a lidar com ele e a ele se aliar.

Quando aprendemos a lidar com o tempo, ele nos favorece e confere qualidade a nossa vida. Quantos são os que vivem angustiados porque não sabem lidar com o tempo! Querem que as coisas aconteçam de imediato, quando tudo tem seu tempo. Esse comportamento é tipicamente infantil. Criança, quando quer algo, não sabe esperar e quer de imediato. Quando não sabemos esperar o tempo ou o momento certo, e ficamos aflitos porque as coisas não acontecem quando queremos, nós demonstramos que ainda não crescemos, ou que a fase da infância não foi vivida como deveria.

O livro do *Eclesiastes* (3,2-8) tem um texto interessante sobre o tempo. Ele diz sabiamente que tudo tem seu tempo determinado.

> *Tempo de nascer, e tempo de morrer. Tempo de plantar e tempo para arrancar a planta. Tempo para matar e tempo para curar. Tempo para destruir e tempo para construir. Tempo para chorar e tempo para rir. Tempo para gemer e tempo para bailar. Tempo para atirar pedras e tempo para recolher pedras. Tempo para abraçar e tempo para se separar. Tempo para procurar e tempo parar perder. Tempo para guardar e tempo para jogar fora. Tempo para rasgar e tempo para costurar. Tempo para calar e tempo para falar. Tempo para amar e tempo para odiar. Tempo para a guerra e tempo para a paz.*[20]

---

20 Livro do Eclesiastes 3, 2-8. Em: *Bíblia Sagrada*. Edição Pastoral. São Paulo: Paulus, 1990, p. 862.

Assim, não respeitar o tempo significa perda de tempo. Quando compreendemos essa dinâmica do tempo, tudo flui com naturalidade, sem maiores estresses. Na obra *Auto da Compadecida*[21], de Ariano Suassuna, o personagem Chicó diz que "tudo o que é vivo morre", podemos dizer que tudo que nasce morre, no seu tempo, quando não há contratempo.

Dizer que tudo tem seu tempo é dizer que tudo passa, sejam as coisas boas ou as ruins. Essa é uma das vantagens do tempo. Como diz um dito popular, "não há bem que dure para sempre, nem mal que nunca se acabe". Tudo que tem um começo, um dia terá um fim. Assim é a vida. Se entendêssemos isso, trataríamos de viver melhor, sem tantas complicações ou aborrecimentos desnecessários. Perdoaríamos mais, amaríamos mais. Praticaríamos mais ações boas e aproveitaríamos mais os bons momentos da vida.

É bom que tudo passe, pois se o tempo não passasse a vida seria uma chatice. O fato de o tempo passar mostra a rotatividade da vida, sua dinâmica, que torna tudo tão interessante. É como se estivéssemos olhando pela janela de um trem em movimento, com paisagens que mudam a cada instante. Quanto mais mudança de paisagem, mais interessante fica a viagem. Porém, quando o trem atravessa um deserto, onde tudo é igual por muito tempo, cansamos, pois tudo fica monótono quando tudo é igual, ou parece ser igual. Quando isso ocorre, queremos fazer outras coisas para nos distrairmos, ou então dormimos até que o trem atravesse o deserto. Assim é a vida no decurso do tempo. Há fases em que tudo parece árido, os dias todos iguais e sem novidades, e nos aborrecemos facilmente. Uns desanimam, outros entram em depressão, outros procuram se

---
21 SUASSUNA, Ariano. *Auto da Compadecida*. São Paulo: Agir, 1972.

manter acordados, movidos pelos seus sonhos e projetos. Esses últimos conseguem ter mais força porque sabem que esse tempo passa e outros tempos melhores virão. Os que perderam a esperança não conseguem vislumbrar nada além do deserto. É o caso dos que têm depressão. Pessoas acometidas por essa enfermidade enxergam tudo cinza à sua volta, tudo igual, tudo parece estagnado. É a vida que parece congelar no seu tempo de inverno e perde seu brilho. Embora o tempo esteja passando normalmente, sem dó nem trégua, há um hiato entre o ser da pessoa e seu existir, e o tempo parece não contribuir em nada para pôr fim a essa lacuna, a esse vazio difícil de ser preenchido. Porém, sem que a pessoa perceba, é o tempo o meio mais eficaz para curar essas limitações.

O tempo não é bom nem mau. O tempo é simplesmente o tempo, o condutor determinante de nossas vidas. Saber lidar com ele é fundamental para se viver bem e não se deixar ser devorado por ele, como sugere a mitologia grega ao se referir ao mito de Cronos. Na mitologia grega, Cronos (ou Khronos) significa tempo, ou a personificação do tempo. Como o próprio nome demonstra, é o tempo cronológico, isto é, marcado pelo relógio, o tempo do qual ninguém escapa. Uma das representações de Cronos é a de um homem que devora seu próprio filho, num ato de canibalismo associado à vida que se esvai. Embora seja uma linguagem figurada, isto é, mitológica, é muito significativa e expressa bem nossa relação com o tempo. Lutamos o tempo todo contra ele, mas nunca o vencemos. Podemos até despistá-lo, dissimular suas marcas, dissuadir seus sinais para que os outros não os vejam, mas é implacável e em algum momento mostrará suas marcas.

São muitas as estratégias para dissimular os estragos causados pelo tempo, entre elas estão as maquiagens, as tinturas para os cabelos, as roupas e a idade que muitos insistem em não dizer depois de certo tempo. Tudo isso é o reflexo do medo de se mostrar vítima do tempo. A beleza de se ter vivido mais tempo e de se ter aprendido mais com o tempo fica oculta pelos procedimentos sociais que determinam regras para o belo e o bom. Em sociedades ocidentais como a nossa, ser belo é ser jovem, ou pelo menos ter ares joviais. Ninguém duvida de que ser jovem é bom, e que ter a saúde e a beleza que é própria dos jovens é melhor ainda, mas não se pode iludir sobre ser eternamente jovem e cair no ridículo de querer ser o que não é. A juventude é uma etapa da vida que será engolida pelo tempo, queiramos ou não. Portanto, o que nos resta é viver da melhor maneira qualquer fase da vida, para não nos tornarmos ainda mais vítimas do tempo.

Conclui-se essa reflexão com um trava-língua sobre o tempo que resume muito bem qualquer divagação sobre o tema: "o tempo perguntou ao tempo quanto tempo o tempo tem, o tempo respondeu ao tempo que o tempo tem tanto tempo quanto tempo o tempo tem". Assim, se o tempo tem tanto tempo, resta-nos seguir o conselho de Horácio, em um de seus poemas em latim: *carpe diem*[22], ou seja, colha o tempo, aproveite o tempo ou aproveite cada momento, desfrute-o, faça do tempo um aliado da sua vida, porque se não o fizer, ele foge; *tempus fugit*, como dizia o poeta romano Virgílio[23]. Desse modo, a expressão latina *carpe diem* é utilizada para nos alertar a não gastarmos nosso precioso tempo com banalidades, com coisas que não

---

22 Disponível em: https://pt.wikipedia.org/wiki/Carpe_diem
23 Em: ALVES, Rubem. *Tempus Fugit*. São Paulo: Paulinas, 1990.

qualificam nossa vida, e *tempus fugit* para nos mostrar que o tempo passa mais depressa do que imaginamos, isto é, ele foge. Portanto, *carpe diem, tempus fugit*.

IV

O segredo da felicidade

A existência é um dos conceitos medulares da Filosofia e é tema amplamente explorado em diversas de suas correntes. Entre elas, o Existencialismo, com duas de suas principais vertentes: uma ateísta e outra cristã, as quais, cada uma à sua maneira, nos dão importantes ensinamentos para nossa vida e ajudam a pensar o sentido de nossa existência. Não entrarei em conceitos específicos sobre nenhuma, e nem terei como referencial teórico este ou aquele filósofo, mas aproveitaremos indicações dessas e de outras correntes filosóficas e de alguns filósofos classificados como existencialistas, para conduzir uma reflexão que diz respeito à vida e ao seu sentido.

Nem sempre paramos para pensar no sentido de nossa vida e nem nas razões de nossa existência. Sabe por quê? Talvez porque isso nos coloque em crise existencial. Você já ouviu falar disso? É um sentimento doloroso, mas que nos faz melhores. Nesses momentos de crise, repensamos nossas ações e decisões, amadurecemos. Tudo parece tumultuado à nossa volta e em nosso interior, um verdadeiro caos, mas é desse caos que pode nascer a ordem interna e externa.

É nessas condições que descobrimos nossa resiliência, aquela capacidade que temos de lidar com os problemas, com as dificuldades do dia a dia, com a própria crise, superando os obstáculos e resistindo às pressões das situações adversas que enfrentamos. Quando se está em crise existencial, o que era certeza se relativiza; o que parecia grandioso se torna pequeno e, assim, queremos algo mais, diferente, algo que dê sentido à vida. Alguns chegam a confundir crise existencial com depressão e até com sintomas de loucura, mas não são a mesma coisa. Depressão e loucura são patologias, crise existencial, não, ela é parte do processo de crescimento. Na depressão se perde a vontade de viver e na loucura há quem atente contra a vida, já na crise existencial, não. Neste caso se tem vontade de viver diferente, de outra maneira, melhor e com intensidade. Isso nos faz lembrar o ouro no crisol. O ouro, em estado bruto, não tem tanta beleza e valor, pois não se tem a certeza de que é realmente ouro. Mas depois de passado pelo crisol, ou cadinho – recipiente refratário pequeno, usado comumente em joalherias para fundir o ouro –, ele se revela esplêndido, belo e valioso, revela-se na sua preciosidade. Isócrates[24] dizia que é "no crisol que se prova o ouro, e na adversidade que se reconhece o verdadeiro amigo". Ou seja, é um processo doloroso, porém, necessário para se obterem os verdadeiros valores. Quem nunca passou por crises existenciais não teve verdadeiras oportunidades de crescimento. A crise existencial é provocada pela reflexão sobre o sentido da vida e suas razões de ser, como dito anteriormente.

Sim, existimos por uma ou mais razões! Ninguém vive por acaso. Não foi por acaso que viemos a este mundo. Se nós

---

24 ISOCRATES I. *The Oratory of Classical Greece*. EUA: University of Texas Press, 2000, vol. 4.

estamos aqui, com vida, é porque há um (ou muitos) motivo(s) para isso e essa não é uma questão apenas filosófica ou teológica, é algo maior que qualquer ciência ou conceito. Não precisamos buscar conceitos racionais, portanto limitados, para explicar nossa existência. Isso já o fazem diversas ciências. O que precisamos é encontrar o sentido da vida para viver melhor, sem perder ou desperdiçar este bem tão precioso que é a vida, pois há muita gente perdendo a vida por não saber seu valor e sentido. Como já foi dito, buscam ações para matar o tempo sem perceber que, ao fazê-lo, matam aquilo que temos de mais precioso para usufruir da vida. Matar o tempo com coisas que não promovam bem-estar, qualidade de vida, enfim, felicidade, é suicídio.

A felicidade é o fim último do homem, diz Aristóteles, porém, para se atingir a felicidade, o homem promove muitas tristezas, ou é causa de tristeza para muitos. Uma felicidade à custa da tristeza de outros não tem sentido, e não pode ser classificada como felicidade. É apenas um equívoco do conceito de felicidade. Assim, a felicidade suprema, como fim último, é algo utópico, inatingível, mas é exatamente por isso que ela dá sentido à vida e faz dela uma constante busca. Se em algum momento ela fosse alcançada, perder-se-ia o sentido da vida e a razão de existir, pois a existência está pautada em tal busca. Ao atingi-la, perder-se-ia a motivação de continuar vivendo, pois tudo o que dá sentido à vida já foi alcançado e a vida deixaria de ter motivações para continuar existindo. Precisamos de motivações para viver, e a busca da felicidade é a principal delas. Por isso, a felicidade nos é dada em pequenas doses, em momentos, e não constantemente. Quem atinge a felicidade plena atingiu o ápice de sua vida e de suas buscas, não precisando, portanto, viver mais. Como isso não é de todo possível, a cada um cabe descobrir e aproveitar os momentos de felicidade. São esses momentos que servirão de alento para superar os momentos tristes.

Tudo isso parece paradoxal, contraditório, mas é apenas para provocar a reflexão e vermos que uma felicidade plena não é possível de se atingir nesta vida, mas que é possível atingir momentos de felicidade e que eles devem conferir sentido à vida e lhe dar prazer, fazendo dela algo bom e belo. Quem enxerga a vida pelo viés da beleza, propiciada pelos momentos de felicidade, valoriza-a e vive plenamente. Coisas simples do dia a dia proporcionam momentos de prazer e de felicidade. Ver o pôr do sol, por exemplo, dá uma sensação indescritível de felicidade. É algo que está ao alcance de qualquer pessoa que tenha visão, mas que é pouco contemplado, porque está no cotidiano da vida e muitas vezes buscamos a felicidade em coisas e situações emocionantes, que mexam com a adrenalina. Certa vez, contemplando o pôr do sol no Rio da Prata, no Uruguai, preparei um pequeno texto que expressa bem esse sentimento de felicidade e paz proporcionado. Na ocasião, imbuído pela emoção que esse espetáculo me proporciona, escrevi:

> De todos os espetáculos que vi nesses dias, este foi, sem dúvida, o mais bonito! E o melhor, não paguei nada por isso. Ele está em cartaz todos os dias, exceto quando chove, ou quando está muito nublado. O diretor deste espetáculo é o máximo! Ninguém é melhor que ele! Tenha ou não público, o espetáculo acontece todos os dias, no mesmo horário, variando apenas alguns minutos, dependendo da estação e do horário de verão. E o mais importante: a cada entardecer, é apresentado um novo espetáculo! Quem viu ontem, pode ver hoje, porque não é o mesmo, ou melhor, o roteiro é o mesmo, mas o cenário, as cores e seus atores mudam.

> Eu pretendo amanhã vê-lo de novo, e espero que ele me emocione como hoje. Se você está vivo e nunca viu um espetáculo desses, não sabe que está perdendo um dos melhores shows da natureza e da vida, em cartaz todos os dias, inclusive aí onde você mora. Veja hoje o pôr do sol, porque amanhã ele pode não aparecer, ou você pode não estar mais aí para vê-lo, e seu diretor não costuma avisar antes sobre isso.

Esse texto nasceu de um momento sublime de felicidade proporcionada por coisas simples. Como esse, há tantos outros momentos de felicidade: felicidade por acordar de manhã e saber que Deus nos concedeu mais um dia; felicidade por não sentir dor, ou por ter se livrado dela; felicidade por conquistas obtidas ou pelas buscas de se obter conquistas; felicidade por ter encontrado pessoas queridas, por ter se alimentado bem, de coisas prazerosas, ou por ter ouvido uma bela música, visto um bom filme; enfim, são tantas as coisas e situações que nos proporcionam momentos de felicidades que, se somados, teremos tido muitos momentos assim. Portanto, todos os nossos atos, por mais simples que sejam, são em busca da felicidade.

Mas, se vivemos em busca da felicidade, por que então há tantas pessoas infelizes? A resposta não é tão simples, mas dá para entender que essa situação é resultado da falta de entendimento do que seja realmente a felicidade e dos meios para atingi-la. Isso ocorre, pois os meios que muitas vezes usamos para obter felicidade podem ser o causador da nossa infelicidade ou da de outros. Quando entendemos a felicidade como algo individual, sem pensar se os que nos cercam são felizes também, temos comportamentos que só podem resultar em infelicidade. A felicidade é consequência das nossas ações não apenas individuais, mas coletivas, comunitárias, que considerem as outras pessoas e o mundo que nos cerca. Daí nós entendemos o sentido aristotélico de felicidade, que é, sobretudo, político. Para Aristóteles[25], primeiro é o Estado um dos responsáveis pela felicidade dos seus indivíduos. Segundo, é algo relacionado à ética, tanto é que o tema é tratado em sua obra magistral, *Ética a Nicômaco*, na qual Aristóteles afirma que a felicidade é atingida quando a pessoa se liberta dos males terrestres, isto é, das coisas más que a cercam. Dificilmente seremos felizes se estivermos cercados de coisas, situações ou pessoas más, que promovem ou causam o mal. Fazer uma varredura nessas situações que nos cercam é o primeiro passo para atingir a felicidade. Como já foi dito, mesmo atingindo certo grau de felicidade, ela não será duradoura, nem tampouco eterna, tendo em vista que as situações que nos entristecem aparecem constantemente, mas ter empenho para se livrar dos males é um procedimento fundamental. Assim, é preciso, segundo Aristóteles, ser virtuoso e respeitar os valores morais. A falta de ética e de respeito aos valores morais é causadora da infelicidade.

Nossa vida é guiada pelo prazer. A vida, para ter sentido, deve ser prazerosa. Uma vida sem prazer fica sem sentido, pois é tomada pela tristeza, ou pela ausência de felicidade. Porém, deve ser um prazer pautado pelos procedimentos éticos e morais. O prazer sem essas duas referências é causador de infelicidade. É preciso, portanto, comprazer-se das coisas apropriadas e desprezar as más, as coisas que são vis e que não trarão a verdadeira felicidade. Assim, moldamos nosso caráter e estaremos no caminho certo da verdadeira felicidade.

---

25 ARISTÓTELES. *Ética a Nicômaco*. Tradução de Torrieri Guimarães. São Paulo: Martin Claret, 2001.

Para promover a verdadeira felicidade, o prazer deve ser buscado em razão de outro bem, como a justiça, e não apenas o prazer pelo prazer. Ninguém pode ser verdadeiramente feliz praticando ou promovendo injustiças, mesmo que sinta prazer nisso. Para saber se o prazer sentido resulta em felicidade, e se a felicidade sentida está fundamentada no bem, é preciso ver se seu resultado também é o bem, porque o bem só pode ser acrescido pelo bem.

Assim, a felicidade que dá sentido à vida é algo dinâmico, uma sucessão de buscas, e aqueles que passam a vida adormecidos não têm acesso a ela, ou melhor, não vivem essa felicidade momentânea, pois, muitas vezes a mente está no passado, lamentando uma felicidade supostamente tida ou perdida, ou ainda idealizada, ou se está com a mente no futuro, planejando ou almejando essa felicidade. Enquanto isso, se perde a oportunidade de viver o presente e a felicidade que ele propõe. E são muitas as coisas e situações que podem nos deixar "adormecidos", ou seja, nos alienar, impedindo que se vivam verdadeiramente os prazeres proporcionados pela vida.

Vale lembrar que a felicidade não consiste apenas em divertimento, mas em virtudes que exigem esforços, empenho. Embora a felicidade seja o fim último, ela não deixa de se fazer presente no processo dessa busca, e o segredo de se viver bem é descobri-la. Entretanto, não existe uma receita pronta para a identificar e capturar. Para que isso ocorra, é preciso fazer o bem. Não há verdadeira felicidade se ela não for resultado do bem. Quem só pensa em si e nunca se preocupa em fazer o bem para seu próximo, dificilmente terá uma felicidade verdadeira. Poderá ter prazeres, mas isso não significa que seja uma pessoa realizada e feliz.

Portanto, as boas ações são caminhos para uma felicidade verdadeira. A prática de boas obras, a caridade feita gratuitamente, de coração, apenas para ajudar a outros a viverem melhor, proporciona um bem tão grande a quem o faz, que não tem preço. Quem ainda não descobriu isso, não descobriu o segredo da felicidade.

Resiliência:
a capacidade de superação

Resiliência é a capacidade do indivíduo de lidar com os problemas, superar obstáculos, ou resistir à pressão de situações adversas. Em outras palavras, é a capacidade de sobrevivência que nos ajuda a nos moldar, ou adaptar às situações, sem sucumbir a elas. Sem essa capacidade, dificilmente sobreviveríamos, pois a vida é cheia de obstáculos a serem superados; viver é uma constante mudança e toda mudança carece de adaptações. Por isso, proponho uma reflexão sobre essa capacidade a qual pouco conhecemos, mas que nos possibilita viver, ou sobreviver diante das mudanças da vida.

Se não existissem mudanças, a vida não existiria, pois a vida é dinâmica, mutável na sua essência. Só não muda quem está morto. Porém, existem muitos tipos de mudanças. As naturais são próprias do processo de crescimento e envelhecimento, e outras tantas mudanças que acontecem à nossa volta, que influenciam na nossa vida, sobretudo as geográficas. A mudança é uma espécie de poda, ou seja, é dolorosa, mas necessária para o crescimento e florescimento. Geralmente tendemos a gostar de estabilidades, de nos acomodar, mas nem sempre isso é bom. Quanto mais mudamos, mais enriquecemos nossa vida. Vejamos o exemplo das mudanças geográficas. Quem tem a oportunidade, ou é obrigado a morar em diversos lugares no transcurso da vida, conhece mais profundamente culturas e pessoas diferentes e isso lhe traz crescimentos, ampliando sua bagagem cultural. Mas essas são também mudanças dolorosas, que carecem de tempo para adaptação, e esse tempo é de sofrimento. Nesse tempo, sem saber, exercitamos a chamada resiliência. Ela nos ajuda no processo de adaptações, por mais difícil que ele seja. Vejamos a situação de pessoas que estão na prisão, acamadas em hospitais ou em outras instituições dessas naturezas. Se não fosse a capacidade de se adaptar à situação, a pessoa não suportaria o sofrimento de estar presa, tolhida da sua liberdade, do seu bem mais precioso, ou de estar doente, aguardando o desfecho da situação. Ali a vida vai aos poucos se ajeitando, num clamor de sobrevivência.

Assim, a luta pela sobrevivência começa no momento da fecundação e vai até a hora da morte. O espermatozoide que fecundou o óvulo que nos gerou teve de disputar com outros milhões para atingir seu alvo, que também não era único. Havia muitos outros óvulos, mas somente um foi fecundado. Não foi o acaso que levou tal semente a encontrar seu campo para germinar. Há um profundo mistério nessa vitória. O que sabemos é que começou aqui uma série interminável de competições, para as quais devemos estar preparados. Tem origem aqui essa capacidade de superar obstáculos e enfrentar as disputas, as competições, e vencer. Nesse caso, os competidores (óvulos e espermatozoides) estavam em pé de igualdade mas, por alguma razão inexplicável, esses que nos geraram foram escolhidos e todos saímos vencedores. E aqui estamos nós, dotados dessa capacidade inerente de superar obstáculos, resistindo às pressões e sobrevivendo. Eis uma das razões supremas para desconfiarmos de que não estamos neste mundo por acaso. Viemos de uma grande e inigualável batalha de competição para um mundo igualmente competitivo.

No ventre materno, após a fecundação, começou uma série de outras batalhas: a adaptação ao útero durante o tempo de crescimento; os problemas enfrentados pela mãe que direta ou indiretamente influenciaram e interferiram nessa luta pela vida. Fatores externos, do contexto social, econômico e emocional da mãe fizeram com que fôssemos assimilando e adaptando ao nosso ser, corpo e alma, tudo o que acontecia no mundo fora do ventre, formando assim um ser dotado de vida que enfrentaria outras tantas batalhas e competições, com outros tantos seres e outras situações.

Depois dos meses necessários para a gestação, viemos ao mundo. Uma chegada dolorosa. Tivemos de nos adaptar a outra realidade, bem diferente daquela em que passamos os meses de gestação. Saímos de um lugar aparentemente protegido para a desproteção do mundo. Chegamos chorando. O choro da mudança, da vida nova que começava e que exigia de nós uma nova maneira de ser e de viver. Estávamos diante da necessidade de readaptação a uma nova morada, agora sujeitos ao frio, ao calor, aos perigos deste mundo. Tivemos um colo que nos acolheu e braços que nos abraçaram e nos protegeram, mas nem por isso estivemos totalmente protegidos. Vieram as enfermidades oportunistas, que se aproveitaram da fragilidade do corpo ainda em formação. Tivemos que lutar contra elas. Elas foram vencidas, embora muitas tenham deixado suas marcas. Algumas invisíveis, outras nem tanto, mas são marcas de batalhas vencidas, de obstáculos superados. Os sete primeiros anos de nossa existência foram decisivos para continuarmos na competição pela vida. Tempo em que temos uma total dependência de outros, mas no fim dependemos muito de nós mesmos, das forças que nos habitam para superar as dificuldades dessa fase da vida.

Depois vieram outras formas de competições. Aquelas com outras crianças; com outros adultos, além dos nossos pais, ou daqueles que nos criaram; com outros seres que povoam nosso imaginário, e com os quais precisamos lutar como se fossem monstros terríveis. É a fase da competição na escola e com os amigos. É o tempo em que brincadeira é coisa séria e coisa séria parece brincadeira. Confundimos as coisas e as coisas nos confundem. É o mundo das descobertas e cada descoberta abre um universo de situações que gera angústias e outras competições, outros obstáculos. Assim, a vida vai se formando num campo de batalha onde não sabemos distinguir com clareza o real e o imaginário, porque o imaginário nessa fase é também real. É o tempo em que não temos noção dos limites e os limites são impostos pelos adultos, ou por outras crianças dessa idade. Aprendemos nessa fase que o mundo é gigantesco, embora a noção de mundo não passe dos limites que vivemos. Esse parâmetro nós vamos levar para o resto da vida, pois nossa noção de mundo vai sempre se limitar ao que conhecemos. Queremos nessa fase da vida que todo mundo nos dê atenção, mas esse "todo mundo" são apenas algumas pessoas, as mais importantes de nossa vida nesse momento. Assim, a infância se estende até os dez ou onze anos, quando novos desafios começam a despontar.

Entramos na fase da pré-adolescência. Surgem novas necessidades, sobretudo de seres iguais a nós, da mesma idade, com o mesmo comportamento. Mudam-se os valores e essa mudança carece de adaptações. Começam novas formas de sofrimento e aqueles corpos e mentes infantis passam por metamorfoses radicais. É uma fase relativamente curta, mas que parece uma eternidade. Ela se mistura com a adolescência, em que as coisas pioram ainda mais. Chegam as incompreensões dos adultos, sobretudo dos pais, e parece que se está fora do mundo. De certa forma isso ocorre porque o mundo dos adolescentes não tem nada a ver com o das crianças e nem dos adultos. Para as crianças, os adolescentes são grandes demais e para os jovens e adultos eles são pequenos demais. Chega a crise de identidade, com todas as suas consequências. É nessa fase que lapidamos a resiliência que existe em nós. Nessa fase ela ganha outros contornos, pois aprendemos a lidar com necessidades antes nunca imaginadas. Chegam os medos, as incompreensões e até a perda de sentido da vida, pois o mundo parece que não foi feito para quem vive nessa etapa da vida. Uns querem voltar a ser crianças e outros já querem ser adultos. E, às vezes, essa crise de identidade e de desejos é simultânea, confundindo ainda mais aquele corpo e aquela mente em formação. E nem sempre os adultos ajudam. Às vezes eles mais atrapalham que ajudam. Nada pior para o adolescente do que ser tratado como criança pelos adultos, sobretudo pelos seus pais e nisso reside boa parte dos conflitos e desentendimentos entre eles. Para os pais, os filhos são eternas crianças, mas nessa fase tal confusão gera muito desentendimento. São raros os adolescentes que não entram em conflito com seus pais exatamente por causa dessa incompatibilidade de idade, ou de compreensão das diferenças e mudanças que aquela pessoa, nessa idade, está passando. É a fase de transição mais dolorosa e, portanto, em que precisamos mais de nossa capacidade de resiliência.

Depois vem a juventude, quando tudo se torna mais encantado. Parece que o mundo é nosso e que seremos eternamente jovens. Essa talvez seja a mudança mais difícil de aceitar. Queremos estabilizar a juventude, estancá-la de alguma forma, mas os anos passam do mesmo jeito e, quando vemos, já não somos mais tão jovens. Só o espírito permanece jovem. O corpo não acompanha o espírito e, às vezes, nem a cabeça. Imaginamos ser jovens, mas já somos adultos. Recordo de uma pessoa que certa vez partilhou que, apesar de já estar na casa dos cinquenta anos, continuava a sonhar como se fosse jovem. Ela se referia ao sonho literal. Disse que nos seus sonhos sempre se via jovem e no meio dos jovens. Ela não se sentia uma pessoa adulta, com mais de cinquenta anos. Uma outra disse viver como se fosse jovem. Estava também na faixa etária dos cinquenta anos e se vestia como se tivesse vinte. Ela não se sentia ridícula com isso, pois se achava jovem. Esse é um outro exemplo de resistência em aceitar a mudança da idade. Nessa categoria estão os que não gostam de contar a idade e que fazem de tudo para escondê-la, como se o fato de esconder a idade pudesse esconder as marcas do tempo. Nessas categorias de mudança a resiliência age com mais lentidão. Ela até contribui para que não haja esse acompanhamento no processo de mudança entre a cabeça e o corpo, para ajudar a pessoa a viver melhor, pois bem sabemos que não é fácil ser velho. A velhice nos coloca literalmente mais perto da morte e não há como voltar. Direi em outro capítulo que a vida é um caminho sem volta, e de fato é isso mesmo. Nesta estrada da vida não há retornos, é uma pista de mão única. Todos nós estamos caminhando na mesma direção, a morte. É doloroso e angustiante saber disso, mas é a mais pura realidade. A morte é a única certeza que nós temos.

Quando chegamos à casa dos sessenta anos, o tempo parece correr a uma velocidade estonteante. Estamos no declive da vida. Por mais que as estatísticas sobre as perspectivas de vida digam que hoje se vive mais, chegar aos sessenta ainda assusta. Já somos tratados como velhos. As pessoas (educadas) já cedem o lugar e os olhares são de caridade e compaixão. Pior ainda quando é de desrespeito. É triste ser notado com um olhar de pena ou compaixão, mas os velhos geralmente o são. Por isso ninguém quer envelhecer. A sociedade busca subterfúgios para amenizar a tragédia da velhice concedendo alguns "benefícios", ou dizendo que é a "melhor idade", mas nada disso resolve. Envelhecer é uma dor que só pode ser contornada pela capacidade de resiliência, de adaptação a essa fase da vida, buscando descobrir nela seus encantos. Não adianta ficar olhando pelo retrovisor da memória: o que passou, passou, não volta mais. É preciso aproveitar o hoje, pois o amanhã é incerto, e não há muitas perspectivas.

Em todas essas fases de mudanças, vem em nosso socorro nossa capacidade de resiliência. Ela nos ajuda a suportar essas mudanças, ajudados por outros recursos, como a fé e a esperança.

VI

Não basta vencer, é preciso convencer

Se você quer vencer na vida, seja perseverante. O caminho para o sucesso é árduo, árido e tortuoso, e os louros da vitória só são concedidos aos que não desistem dos seus sonhos, das suas buscas. Lembre-se sempre: buscas são motivadas por sonhos e sonhos são alimentados por esperanças e fé. Sem esses ingredientes não haverá a força necessária para continuar na busca. Quando essas buscas se depararem com as dificuldades e a aridez do caminho, somente os perseverantes seguirão adiante. No começo, tudo é empolgante, alegre e festivo, mas aos poucos as coisas vão se cristalizando e virando rotina. Assim, o que antes parecia maravilhoso e espetacular, ao alcance das mãos, vai perdendo o brilho e se distanciando. Nessa etapa da busca, se não tivermos força de vontade, perseverança e desejo de atingir a meta, facilmente vamos desistir.

São muitos os obstáculos e quem não perseverar, quem desistir diante das dificuldades, ou da aridez da busca, nunca atingirá a meta desejada e, consequentemente, não será vencedor.

Disse Henry Ford[26] que "as pessoas não fracassam, elas simplesmente desistem", e é exatamente isso que ocorre. Muitos que se sentem fracassados foram, na verdade, aqueles que desistiram na metade do caminho, ou quando estavam prestes a atingir seus objetivos. Não basta ter objetivos, é preciso saber o que fazer com eles. Tudo na vida requer luta e empenho. Podemos e devemos nos espelhar nas pessoas que obtiveram sucesso, mas precisamos saber também que, para chegarem onde chegaram, foi preciso muito empenho, luta e perseverança. Não basta olhar apenas as conquistas dos outros, é preciso saber que por trás de toda conquista está alguém empenhado, que focou nos seus objetivos e se dedicou integralmente a ele. As coisas não caem prontas do céu. Bom seria se assim fosse, mas não é. Quem olha para um profissional de êxito nem sempre imagina o quanto aquela pessoa batalhou para chegar onde chegou. Foi preciso enfrentar concorrências, competições e muitas provas e provações.

A vida é naturalmente competitiva desde a concepção. Competimos com tudo e com todos, inclusive conosco. O maior vencedor é aquele que vence seus medos, suas fraquezas e segue adiante, não obstante as dificuldades encontradas no caminho. Competição é desafio, e desafio é oportunidade para a superação, para o crescimento. Nem todos gostam de competir, mas a competição é necessária para obter a vitória. Há competições de todos os níveis e em todas as instâncias da vida. Competição com situações e com pessoas. Em todos os espaços que ocupamos, há competições, sejam elas diretas ou indiretas. Até mesmo vivendo numa ilha deserta vamos ter de competir: com os medos reais e os que povoam nosso imaginário; com os insetos que insistem em disputar um

---

26 SNOW, Richard. *Ford, o homem que transformou o consumo e inventou a era moderna*. São Paulo: Saraiva, 2014.

espaço no nosso corpo; com o clima, ora frio, ora quente, ou seja, as intempéries. Enfim, a lei natural da sobrevivência é a competição, já constatada por Charles Darwin[27] em 1859, na obra *A origem das espécies*, na qual chamou esse processo competitivo da vida de seleção natural. Parece cruel essa natureza que precisa eliminar uns para que outros possam viver. Lidar com essa natureza já é um grande desafio, e quem não estiver preparado, sendo forte e perseverante, será "naturalmente" eliminado. Sem contar com as eliminações forçadas, tramadas, criadas para favorecer uns em detrimento de outros. O universo das competições humanas se difere nesse aspecto da competição entre os animais. Desse tipo de procedimento desumano estão impregnadas as concorrências humanas, tornando-as, muitas vezes, desleais. Mas isso não deve ser motivo para desistir. Quem desanimar diante dessas e de outras situações torna-se um perdedor. Quem for adiante será um vencedor, mesmo que não obtenha os mesmos êxitos que os outros. Só o fato de não desistir fará de você um vencedor.

A palavra concorrer significa, entre outras coisas, correr com. Toda corrida com alguém, ou alguma situação, é uma disputa. Sai vencedor aquele que não desiste, mesmo quando vê seus concorrentes dispararem na frente. Não precisamos chegar primeiro para sermos vencedores, basta atingir a meta almejada, mesmo que em último lugar. O que importa é atingir o objetivo, e não ser o primeiro. Nem sempre o primeiro é o melhor. O primeiro pode ter tido mais resistência que os demais, mas isso não o faz melhor do que os outros. Ele é um vencedor, mas vencedores são também todos os que em algum momento atingiram uma meta traçada, sem importar a classificação. Muitos que passam em

---

27 DARWIN, Charles. *A origem das espécies*. Tradução de Anna Duarte. São Paulo: Martin Claret, 2004.

primeiro lugar nos concursos nem sempre são os melhores no exercício da função escolhida. Há muitos que passam em último lugar nos exames vestibulares e se revelam excelentes alunos ou profissionais, e outros que passam em primeiro e se revelam um aluno mediano, ou um profissional sem grandes destaques ou êxitos. Assim, há muitos que são os primeiros nos concursos, mas são os últimos no desempenho daquilo que escolheram, e outros que passam em último lugar, mas se revelam alunos brilhantes no decorrer dos estudos e na profissão escolhida. Isso nos faz lembrar a passagem bíblica que diz: "e assim há últimos que serão primeiros e primeiros que serão últimos" (Lc 13,30). Esse texto bíblico se refere àqueles que fazem as coisas por fazer, sem amor ao que fazem. Há pessoas dotadas de capacidades e dons mais que outras, as quais porém, usam essas capacidades e dons de maneira inadequada, ou apenas pela simples competição, ou pelo gosto de exibir seus talentos. E quando conquistam determinados postos, cargos ou funções podem ser péssimos profissionais, enquanto aqueles que fazem por amor, mesmo sofrendo muito para conquistar o almejado, quando conquistam, valorizam-no e se tornam excelentes profissionais, pois aquilo foi fruto dos seus esforços e tudo o que conseguimos com esforço, valorizamos mais. Comumente o que se consegue com facilidade não se dá tanto valor.

Um pai ou uma mãe que dá tudo pronto aos filhos, faz com que cresçam acreditando que na vida todos têm obrigação de lhe dar tudo e há grande probabilidade de essas pessoas se tornarem acomodadas e dependentes, esperando que alguém faça por ela aquilo que ela deveria fazer. Ou então, esbanjar as coisas obtidas porque não lhe custaram muitos esforços. Quando as coisas são conquistadas com esforço e sofrimento, são mais valorizadas. Assim, um pouco de dificuldade é educativo, pois forma pessoas preparadas para enfrentar desafios e não esperar que as coisas venham prontas em suas mãos. É preciso se propor a fazer algo se queremos obter alguma coisa que realmente vale a pena. Dizia Mahatma Gandhi[28]: "você nunca sabe que resultados virão de sua ação, mas se você não fizer nada, não existirão resultados". Portanto, nunca deixe de lutar por medo de errar, ou se machucar, pois as feridas com o tempo se curam, mas as oportunidades nem sempre voltam. Faça todo esforço possível para atingir seus objetivos, focando neles e no seu sucesso, sem ficar olhando em volta ou comparando com os outros. Cada um tem uma história e uma maneira de lutar. A sua é que importa portanto, não faça comparações. Embora vivamos num mundo competitivo, a comparação é muitas vezes motivo para desânimo. Nem olhe para trás, pois você está seguindo para frente. O que passou, passou. Também não se preocupe em demasia em agradar as pessoas. Nem Jesus Cristo, sendo Deus, conseguiu agradar a todos. Por mais que você dê tudo para agradar aos outros, sempre haverá alguém para dizer que você não fez o suficiente. Quem se preocupa em agradar a todos acaba por desagradar a si mesmo, perdendo o verdadeiro sentido das buscas. E mais, não deixe mentes pequenas convencerem você de que seus sonhos são muito grandes. Se você realmente quer fazer algo, encontrará uma maneira, caso contrário encontrará uma desculpa. Você precisa ser firme nos seus atos, perseverante nas suas buscas. Como disse Caio F. Abreu[29], "há tantas pessoas lá fora que te dirão que você não consegue. O que você deve fazer é virar para elas e dizer:

---

28 POLO, Alberto (Org.). *O pensamento vivo de Mahatma Gandhi*. São Paulo: Minibooks, 2012.
29 ABREU, Caio Fernando. *Ovelhas negras*. Porto Alegre: Sulina, 1995.

me observe". Muitos que não conseguiram vencer vão dizer que você também não vai conseguir. Mas se você tem um sonho, corra atrás dele. Fique distante de pessoas negativas, ou que só querem te desmotivar. Há pessoas que são como árvores, ninguém cresce à sua sombra. Quanto mais distante dessas pessoas você estiver, e quanto menos contato com elas você mantiver, mais chances terá de crescer. Descubra quem são essas pessoas e se afaste enquanto é tempo. Evite partilhar sua conquista com qualquer um. Muitos não se alegrarão com você, mas irão querer te derrubar. Quanto menos você falar dos seus projetos, mais chances você terá de realizá-los. Seja uma pessoa disciplinada, mas não escravo da disciplina. Eis o caminho mais eficaz para conseguir o que se deseja: disciplina com liberdade. Lembre-se sempre: todos nós podemos alcançar nossos objetivos, quando alcançamos primeiro a disciplina. Seja, portanto, uma pessoa disciplinada nas suas buscas, mas não perca a capacidade de brincar. Brinque com seriedade e encare o trabalho e os desafios como quem brinca, rindo sempre dos próprios erros, pois quando rimos dos monstros que nos assustam, eles perdem sua força.

Siga em frente, pois o primeiro passo para se chegar a algum lugar é decidir que você não quer ficar mais onde está. Decida seu caminho. Você saberá que está no caminho certo quando perder o interesse de olhar para trás. Portanto, não olhe para trás, você não está indo nessa direção. Assuma os rumos da sua vida, pois ninguém vai fazer isso por você. Assuma o desafio de pensar e agir diferente dos outros, pois enquanto você estiver se igualando, ou agindo como os outros agem, estará perdendo tempo e personalidade. O mundo reserva um lugar para os que ousam inovar, ser diferentes, ser originais, para os que têm personalidade. Tenha coragem de inovar, pois, como disse Aristóteles[30], "a coragem é a primeira das qualidades humanas porque garante todas as outras". Tenha a coragem de correr riscos, pois a vida por si só já é um risco, e não há o que fazer diante desse risco iminente que a vida representa. Porém, o grande risco que você deve evitar a todo custo na vida é o de não fazer nada e deixar a vida passar em brancas nuvens. Não fique aí parado vendo a vida passar, como se estivesse diante da televisão ou da tela do cinema. A vida não é um espetáculo teatral, embora tenhamos que representar papéis. O tempo não para e é cruel com os que param no tempo. O que você não fez hoje pode não ter a mesma oportunidade de fazer amanhã. É sábio o dito popular: "não deixe para amanhã o que se pode fazer hoje". Se você tem a oportunidade de fazer algo hoje, faça-o, pois amanhã você terá novos afazeres, novos desafios e novas preocupações, e talvez não terá oportunidade de fazer o que poderia ter feito hoje. Seja você quem for, esteja onde estiver, faça o que puder. O mundo precisa do melhor que você pode fazer, independente de quanto vai conseguir. Carregue dentro de si apenas o bem. O amor, a bondade e a paz são sempre boas companhias. Nunca deixe de sonhar com um futuro melhor, mesmo que você não esteja nesse futuro, mas se estiver, não se esqueça de onde veio e do que passou para chegar até o lugar almejado. Trabalhe sempre por uma causa, não por aplausos. Procure sempre ajudar o próximo, pois essa é a maior virtude que alguém pode ter. Mas se não puder ajudá-lo, ao menos não o machuque. Lute para vencer, mas não pise em ninguém para obter o que deseja. Vença e convença de que você é capaz!

---

30 ARISTÓTELES. *Ética a Nicômaco*. Tradução de Torrieri Guimarães. São Paulo: Martin Claret, 2001.

VII

Viver para servir

O que dá sentido à vida é servir, ajudar ao próximo, fazer algo de bom que edifique a vida de outros. Quanto mais somos solidários, ou desenvolvemos atos de solidariedade, mais nossa vida se recobre de significado. Quem vive somente para si, empobrece sua vida, e comumente tem uma vida vazia, sem conseguir enxergar seu verdadeiro sentido. Muitos não sabem o porquê de sua vida ser muitas vezes sem graça, e vivem buscando um sentido para a vida em coisas que jamais preencherão esse vazio, mas não se dão conta de que esse sentido só será encontrado na ajuda ao próximo.

Há muitas formas de ajudar o próximo. Precisamos encontrar aquela que mais nos preenche e completa como ser humano. Ajudar o próximo é, em primeiro lugar, ajudar a nós mesmos. Quando ajudamos alguém, é grande a gratificação que recebemos com esse gesto. E eu não me refiro à gratificação material, financeira, falo de gratificação no sentido teológico do termo, ou seja, da graça, principalmente se ajudamos sem esperar nada em troca, simplesmente porque queremos ajudar. Ajudar aqueles que jamais poderão retribuir é algo tão grandioso que toca os céus. A Bíblia, ao falar dessa categoria de ajuda, diz que a recompensa vem de Deus. Quando o outro não pode retribuir o que fazemos por ele, é Deus quem retribui. Aqui entendemos aquela expressão popular e carregada de significado espiritual: "Deus lhe pague". É muito bom ouvir essa expressão. Ela revela o profundo agradecimento de quem recebeu a ajuda e, ao mesmo tempo, confia a Deus o pagamento por aquele ato de generosidade. Quando alguém diz "Deus lhe pague", esse alguém está dizendo que não terá condições de pagar, mas que Deus se encarregará disso, pois Deus assume a dívida de todos que não têm como retribuir a ajuda que recebem. Assim, quando ajudamos alguém que não tem como retribuir, fazemos algo para Deus, estreitamos nossas relações com Deus. Por isso, todo ato de solidariedade, de ajuda a quem necessita, toca o divino. Há no mundo muitos homens e mulheres que chegaram perto de Deus por terem chegado perto dos seus irmãos necessitados, estendendo a mão a eles, ajudando-os quando necessitavam. Alguns ganharam visibilidade na Terra e nos céus, tornando-se santos. Outros tantos permaneceram anônimos neste mundo, mas visíveis no céu. Não que devamos fazer algo para ganhar visibilidade neste mundo, mas fazer algo que nos torne visíveis diante de Deus. Assim, a teologia bíblica diz que o que nos torna visíveis diante de Deus é a justiça e o amor que tivermos em relação aos nossos semelhantes. Quem é justo não se conforma com a injustiça. Quem é justo faz qualquer coisa para ajudar os que são vítimas de injustiças, pois todo aquele que precisa de ajuda é, direta ou indiretamente, vítima de alguma forma de injustiça.

Não sei o que seria de minha vida se eu fosse privado de ajudar meu semelhante, pois essa é a razão primordial que me fez escolher a vocação sacerdotal. Enxerguei nela a oportunidade de ajudar o próximo e essa continua sendo a razão mais forte de eu perseverar nessa vocação, apesar dos desafios. São muitos os obstáculos que me impedem de fazer todo o bem que eu quero, mas não quero desistir jamais, pois se desistir de fazer o bem aos meus irmãos, perco não apenas o sentido de ser padre, mas de viver, pois "quem não vive para servir, não serve para viver". Por isso, lembro todos os dias, desde a minha adolescência, uma frase da ordenação sacerdotal de um amigo, frei José Antônio Cruz Duarte, OFM (1981), que marcou muito minha vida: "Senhor, quero estar onde tu queres que eu sirva". Deixo que Deus conduza minha vida, e por isso onde estou e o que faço é com a intensão de edificar a vida de meu semelhante, não importa quem seja. Por isso, o que mais me entristece é ver pessoas prejudicando outras intencionalmente. Choca-me muito mais quando a pessoa prejudicada é indefesa. Uma espada me transpassa a alma quando vejo crianças, idosos, ou pessoas com deficiência sendo vítimas da maldade de outros. Comove-me até as entranhas quando alguém que precisa de ajuda, em vez de ser ajudado, torna-se vítima de pessoas inescrupulosas. Isso se agrava quando essas pessoas dizem professar uma religião, ou acreditar em Deus. Sinto minhas mãos ensanguentadas quando consagro na missa o pão e o vinho e vejo comungar pessoas que sei que fazem mal ao próximo. Sei que Jesus sentou-se à mesa com os discípulos e junto deles estava Judas Iscariotes, mas mesmo assim é difícil. Porém, são partes dos espinhos da vocação sacerdotal. Peço que rezem pelos padres, pois vivemos na carne as dores do Crucificado, pois Judas, Herodes, Pilatos, Barrabás e tantos outros personagens perversos continuam muito vivos, e, frequentemente, sentando ao lado nas celebrações eucarísticas, ou adentrando nossa vida particular para encontrar um motivo para nos crucificar. São verdadeiros lobos em pele de cordeiro. Muitas dessas pessoas têm a voz mansa, aparentemente inofensiva, mas pelas costas são capazes de golpes cruéis. Muitos padres são vítimas dessas pessoas e só percebem as cobras que os cercam quando já destilaram seu veneno. É preciso, portanto, muito cuidado. Cuidado com o que falamos, com o que fazemos e com quem andamos. Somos vigiados constantemente, e basta uma mente "fértil" para interpretar de modo nocivo determinadas ações.

A Igreja é formada de pessoas santas e pecadoras, de homens e mulheres comprometidos com o reino de Deus, mas há também muita gente doente, com sérios desequilíbrios, carências e frustações. Todas essas pessoas merecem nosso amor, mas essas últimas precisam do nosso amor, como dizia Madre Teresa de Calcutá[31]. Elas precisam do nosso amor, das nossas orações, mas também de correções para a conversão. Essas pessoas revestidas de uma aura de santidade, e com pretextos religiosos resultados de suas convicções neuróticas, não podem continuar prejudicando a vida de outras, sobretudo de inocentes, de pessoas que consagraram suas vidas a serviço do Reino, que fizeram e fazem renúncias pela missão assumida.

Porém, não é o fato de encontrarmos dentro ou fora da Igreja pessoas com tais índoles que vamos desistir de ajudar o próximo, de fazer o bem. Sempre existiram e continuarão existindo pessoas perversas, ou com desvio de conduta, que irão querer atrapalhar ou prejudicar os que estão fazendo

---

31 ORIHUELA, Rocio Hernando. *Madre Teresa: Aliento de Vida*. Espanha: Createspace, 2012.

o bem, mas vale lembrar que o número de pessoas boas e comprometidas com o bem ainda é muito maior do que o número das que não querem ver o bem sendo praticado. Diria até que o número das que não querem o bem é insignificante perto das que querem e fazem o bem. O problema reside no fato de termos mais facilidade de visualizar o mal que o bem. Às vezes, algo negativo que acontece no dia já é algo suficiente para ofuscar todas as outras coisas boas que aconteceram. Ou então, direcionamos toda a nossa energia para as coisas negativas, porque elas nos agridem, e deixamos esquecidas as coisas boas. Se déssemos mais atenção às pessoas e coisas boas, as negativas perderiam sua força destruidora. Se numa comunidade uma ou duas pessoas praticam ações predominantemente más, dezenas fazem boas ações, querem o bem e têm um coração generoso, pronto a ajudar a outros. São nessas pessoas e nas suas ações que devemos focar nossa atenção, pois delas e de suas ações boas emanarão energias boas para enfrentar e diluir as más energias das que praticam o mal. Se assim procedêssemos, não nos estressaríamos tanto com certas coisas e teríamos mais tempo e força para transmitir coragem e esperança a quem precisa.

Porém, os próprios meios de comunicação dificultam que nossa atenção fique centrada nas coisas boas. Eles dão muito mais ênfase às coisas negativas do que às positivas. Coisas boas nem sempre dão audiência. Já as fofocas se alastram com muita facilidade, porque boa parte das pessoas tem uma tendência natural a sentir prazer em ouvir e fazer fofocas, em saber das desgraças e dos sofrimentos alheios, mas não quer se comprometer a ajudar. Isso não quer dizer que não existam coisas boas, pessoas comprometidas a fazer o bem, a ajudar e servir o próximo. Como foi dito, o número dessas pessoas é expressivamente maior do que o das que fazem o mal. Mas os meios de comunicação não as colocam em evidência. Na verdade, quase nem noticiam suas ações. No entanto, estampam em suas manchetes alguém que agride seu semelhante, fofocas ou coisas banais que nada acrescentam à vida, mas aguçam a curiosidade e geram lucro para as empresas. As revistas de fofocas são as que mais vendem; os livros de futilidades se tornam *best-sellers*; filmes e novelas que exibem ações com requintes de crueldades são os de maior audiência; os noticiários de rádio e TV que tratam de violência são os que têm mais ouvintes e telespectadores. Enfim, há uma tendência para o mal que parece ser inerente ao ser humano, mas isso deve ser mais um motivo para não desistir de fazer o bem e de remar contra essa maré. Muitos que assistem a programas de qualidade duvidosa, ou leem notícias banais, são pessoas passíveis de serem conscientizadas para outra realidade. Essa deve ser uma das razões para não desistir. A humanidade não está perdida.

VIII

O medo de sentir medo

A vida é feita de medos. Desde que nascemos, somos cercados de coisas e situações que nos causam medo. Existem diversos tipos e níveis de medo, mas há um medo do qual se originam todos os outros, inclusive o medo de sentir medo: o da morte, sobre o qual tratarei mais adiante. Vejamos um pouco sobre esse sentimento dúbio que todos nós, de uma forma ou de outra, sentimos, mas que disfarçamos para não revelar o lado fraco que temos.

O medo é uma sensação que proporciona um estado de alerta. Quando sentimos medo, dificilmente conseguir dormir, ou relaxar. Geralmente a noite é o período em que os medos se manifestam, mas não somente à noite. Eles existem e podem se manifestar a qualquer dia e hora. Dependendo da situação, eles despertam e provocam as reações que lhes são próprias. Temos medos físicos e psicológicos e, às vezes, eles estão tão amalgamados que não sabemos distinguir suas fronteiras.

Por que temos medo? Dizem que o medo é provocado pelas reações químicas do organismo, iniciado pela descarga de adrenalina, causando aceleração cardíaca e tremores. Quem já teve a experiência de ver se aproximar um animal feroz ou um cão sabe o que é esse sentimento. Um arrepio toma conta do corpo: o coração dispara, o corpo treme. Diante dessas sensações, a reação de cada um é inesperada. Uns correm, outros ficam paralisados e outros enfrentam o perigo. Não podemos prever que reação nós teremos porque isso depende do grau do medo e da situação e independe de nós.

Medo, uns têm mais, outros menos, mas todos temos certos medos. Só um louco não tem medo algum. O medo é o balizador dos perigos e do nosso equilíbrio mental. É ele que diz até onde podemos ir sem que corramos risco. Porém, é difícil saber até onde o medo que sentimos é real ou é fruto de nossa imaginação, de nossas neuroses. Até que ponto ele está bem ajustado.

Por essa razão, precisamos vez por outra checar as engrenagens que regulam nossos medos, pois se não o fizermos, podemos deixar que um importante instrumento de detecção dos perigos fique sem noção, desregulado. O funcionamento dessa regulagem é como a de um relógio, tem de ser precisa, ou seja, nem mais, nem menos. Precisa ser exata, no ponto certo, como o ponteiro de uma balança, um termômetro ou o freio de um veículo. Mas obter essa exatidão é algo delicado, pois demanda entrar num departamento que pode não ser acessível a qualquer um, que nós nem sempre conseguimos. Esse medo pode ser regulado por um psicólogo, um psiquiatra, um orientador espiritual ou outra pessoa que tenha seus medos bem ajustados, isto é, uma pessoa bem equilibrada, madura e de boa vontade, disposta a ajudar.

Desse modo, precisamos que outros nos ajudem a ajustar nossos medos. Sozinhos, dificilmente conseguimos controlá-los. Eles podem se manifestar por qualquer coisa ou situação, fazendo-nos reféns, ou não existir em hipótese alguma, colocando nossa vida em risco. De qualquer forma, ambas as situações colocam a vida em risco. A primeira, por nos fazer prisioneiros, neuróticos, temendo a tudo e a todos, tornando situações bobas e corriqueiras em situações monstruosas e assustadoras. A segunda pode colocar literalmente a vida em perigo, pois quando não se tem medo de nada, inclusive dos perigos reais, a vida corre sérios riscos. As pessoas que usam algum tipo de droga inibidora do medo, por exemplo, estão colocando sua vida em risco, pois podem levar aos perigos reais sem que a pessoa tenha consciência disso. Por exemplo, nenhuma pessoa em sã consciência enfrentará um leão, pois sabe que o risco de ser devorado por ele é real. Ou então, saltar de um precipício achando que não vai se arrebentar com a queda, ou outra situação realmente perigosa.

Assim, a regulagem dos nossos medos controla nosso grau de sanidade. Por meio dele sabemos se estamos "normais" ou não. Portanto, sentir muito medo ou não ter medo algum é indício de que não estamos bem e que precisamos da ajuda de um profissional, ou de alguém que possa nos orientar na vida, para administrar melhor nossos medos.

De qualquer maneira, ou grau, o medo sempre limita nossa vida. Tudo poderia ser melhor se não tivéssemos medo. Seríamos mais livres, mais seguros, menos preocupados. Enfim, a vida ganharia mais qualidade. É essa a impressão que dá se não tivéssemos medo. Por essa razão, muitos procuram dissipar seus medos de alguma maneira, mas chega um momento que não há como escapar.

De todos os medos, qual seria o maior? Creio que é o da morte, pois todos os outros derivam desse medo maior.

Por mais que afirmemos não ter medo da morte, não há como negar que o temos, pois a morte é algo desconhecido e o desconhecido geralmente nos assusta. Principalmente quando sabemos que se trata do fim da vida neste mundo. Já sobre o outro mundo, ou outra vida, se existir, nada sabemos, a não ser o dado da fé fornecido pela religião ou doutrina que professamos. Porém, uma coisa é certa: da morte ninguém escapa e isso é assustador. Caminhamos na sua direção e não há como fugir. A cada dia que passa, estamos mais perto da morte. É uma contagem regressiva, embora façamos de tudo para não contar sua proximidade; para despistá-la de alguma forma, a melhor maneira é não pensar nela. Porém, todas as formas de despistar a ideia da morte estão relacionadas ao medo que temos dela. Alguns dizem: não tenho medo da morte, tenho medo de sofrer. Mas o que é a morte senão o sofrimento supremo, pois é o fim da vida? Quer dor maior que a dor do fim da existência? Não me refiro apenas à dor física. Essa é também assustadora, mas a metafísica é extremamente difícil de ser assimilada, pois é incompreensível, embora existam diversas teorias para a explicar ou justificar. Mas a dor de não existir mais é inexplicável.

Quando criança, por sermos mais vulneráveis e dependentes, temos medo de perder as pessoas que nos dão segurança, como nossos pais. Uma criança que se perde de seus pais, por exemplo, sente um medo incontrolável e a reação primeira é o choro. Perder seus pais, ou perder-se de seus pais, é um medo monstruoso que a maioria das crianças tem. Depois que crescemos, outros medos povoam nosso imaginário. Alguns reais, outros apenas imaginários, mas todos são medos e provocam sensações desagradáveis. Quando o medo surge, queremos alguém por perto que nos sirva de refúgio, seja para falar do medo, ou simplesmente para nos dar segurança com sua presença, como fazíamos quando criança. Muitos dos nossos medos se dissipam quando falamos dele, ou quando partilhamos com alguém as coisas e situações que nos amedrontam.

Porém, desde que seja alguém que nos ajude a ver que aquilo que nos assusta não é tão monstruoso assim. Muitas coisas parecem assustadoras exatamente porque não temos com quem dividir aquilo que nos assusta. Assim, o medo, quando partilhado, fica menor. É um pouco isso que fazem os terapeutas. Eles ouvem nossos medos e nos fazem ver que aquilo que nos causa medo não é algo assim tão terrível como imaginamos. Ao descobrir que aquilo que nos assusta não é tão catastrófico, o medo diminui ou desaparece.

O medo parece algo infantil, mas não é. Todos temos medo em qualquer fase da vida. O que diferencia é a maneira como lidamos com ele. Quando adulto aprendemos a disfarçar o medo, mas eles não deixam de existir. Continuamos com "medos bobos e coragem absurda", como disse Clarice Lispector[32]. Todo medo parece bobo, mas indica nossa fragilidade, o humano e limitado que existe em nós, a criança que habita em nós. Há medos que trazemos da infância, medos próprios de crianças, mas que não cresceram conosco. Continuam do mesmo tamanho, mas bobos, porque não representam perigos reais, como aquele medo infantil de dormir com a mão ou o pé fora do cobertor, como se alguém, ou um fantasma, viesse tocá-los em algum momento. Ou então, por medo, cobrir a cabeça enquanto dormimos, porque dá a sensação de proteção contra os fantasmas que povoam nossa imaginação infantil. Esses sentimentos ou medos bobos surgem também quando temos algum pesadelo.

---

32 NUNES, Aparecida Maria (Org.). *Clarice na cabeceira*. Rio de Janeiro: Rocco, 2012.

Queremos mais que depressa acender a luz, dissipar a escuridão para que o medo se dissipe também. Quando criança, ao ter pesadelos, corremos para junto dos adultos, dos nossos pais, o símbolo da proteção que dissipa os medos. Mas quando adultos, refugiamos-nos em nós mesmos e tentamos driblar o medo, usando a razão, que nem sempre funciona nessas horas. O medo de fantasmas, assombrações, alma penada, coisas do outro mundo são medos bobos, pois são medos de coisas imaginárias, que na realidade não existem, mas que assustam porque acessam o desconhecido que nos habita, nosso inconsciente, no qual moram os fantasmas e monstros adormecidos desde a infância, as coisas que não existem, mas que por não existirem, existem sempre, como dizia Rubem Alves[33]. Assim, esses medos vão sempre nos acompanhar de alguma forma, mostrando que há uma eterna criança dentro de cada um de nós, por mais que sejamos adultos.

Depois vem o medo de pessoas. Ele pode ser real ou imaginário como qualquer outro medo. Medo de confiar em alguém e esse alguém trair nossa confiança; medo de sofrer algum ato de violência de um desconhecido, como o de ser assaltado ou agredido no trânsito e em algum lugar público; medo da violência provocada por outras pessoas; medo de ter nossa conta do banco ou da internet invadida e termos prejuízos financeiros ou morais; de confiar em alguém e esse alguém revelar nossos segredos. Enfim, medos que podem indicar uma situação de vulnerabilidade, ou não passar de puro desequilíbrio. O medo de outro ser humano tem fundamento porque o ser humano é o único animal capaz de fazer mal ao seu semelhante, intencionalmente, por pura maldade. Mas não podemos fazer disso algo que nos

---

33 ALVES, Rubem. *O sapo que queria ser príncipe*. 2 ed. São Paulo: Planeta, 2014.

impeça de viver livremente e com o mínimo de segurança necessária para uma vida equilibrada e saudável.

Segurança é o desejo de todo ser humano. É o oposto do medo. Em nome da segurança perdemos cada vez mais nossa liberdade e nos tornamos reféns de nossos próprios medos. Os muros que cercam nossas casas aumentam cada vez mais. Já não se veem mais casas sem muros, apenas com jardins. A imagem de uma casa sem muro e sem grades na janela, com jardins que dão diretamente para a rua, é coisa de filme ou dos nossos sonhos de liberdade, pois se tornam cada vez mais distantes de nós. Aumentam os condomínios fechados, os edifícios com segurança 24 horas, mas nada dissipa o medo. Quanto mais segurança existe, mais inseguros ficamos, pois o excesso de segurança revela o grau dos nossos medos e que aquele lugar é inseguro. Por medo nos tornamos cada vez mais prisioneiros, perdemos a liberdade e, consequentemente, a felicidade. Não confiamos mais em deixar as crianças irem brincar nas ruas e nos parques; nós mesmos já não andamos mais tranquilos pelas ruas e parques. Estamos sempre com os vidros do carro fechados e são vidros escuros para que não nos vejam, porque dão uma sensação maior de segurança, mas é uma segurança igual à do cobertor que cobrimos nossa cabeça à noite por medo de fantasmas. Não falamos com desconhecidos, ou se falamos, falamos com medo. Ele pode ser um assaltante, um assassino, alguém que possa ter uma reação violenta, uma arma. Os grandes centros urbanos são locais férteis para o surgimento do medo, mas hoje o medo está em toda parte. Até mesmo quem vive em pacatas cidades do interior, ou nas zonas rurais, tem medo. O campo, outrora lugar de paz, tornou-se também lugar de insegurança e medo. Vez por outra ouvimos notícias de sítios e fazendas invadidas e seus moradores, torturados, violentados ou mortos. Assim, a violência é amplificada, aumentada pelos meios de comunicação, gerando uma onda de medo e insegurança em todos, até nas crianças que veem sua liberdade sendo roubada pelo medo da violência. Já não basta o medo que toda criança tem das coisas irreais, há também o medo dos adultos invadindo o imaginário das crianças e roubando--lhes a paz.

A paz é o desejo mais nobre que uma pessoa pode ter, é a ausência do medo. Buscamos a paz nas religiões, nas igrejas, em Deus. Assim, ao mesmo tempo em que buscamos a paz nessas situações ou lugares sagrados, buscamos refúgio para nossos medos. Há uma canção de Maria Gadú[34] que expressa bem esse sentimento de busca de paz e proteção contra os medos nesses lugares:

> *Meu anjo de guarda noturno: você é quem sabe de tudo. E quando eu peço proteção, não é para fugir do ladrão, nem para me esconder na igreja, eu quero é que Deus nos proteja das dores do coração.*

Mas se não trabalharmos nossos medos, nossas neuroses causadoras dos medos, não vamos encontrar uma paz verdadeira em lugar algum, nem nos lugares sagrados, porque onde estivermos nossos medos nos acompanharão. Podemos estar num monastério, isolados de tudo e de todos, que vamos ter medo, porque não resolvemos antes as causas do medo. Foi o que aconteceu com muitas pessoas que foram torturadas. Quando acabou a tortura, ficaram traumatizadas pelo medo e, embora não fossem mais literalmente torturadas, continuavam assombradas

---
34 GADÚ, Maria. Anjo de guarda noturno. De Miltinho Edilberto. Em: *Mais uma página*. Som Livre: 2011, faixa 2, CD.

pelos fantasmas da tortura. Alguns chegaram a cometer suicídio por não conseguirem se livrar do medo que a tortura imprimiu em sua vida. Por isso, o medo em excesso, o medo doentio pode levar à morte. O medo da morte pode levar alguém ao encontro da morte. Quando houve, em São Paulo, em 1974, o incêndio do edifício Joelma, onde morreram 191 pessoas, muitos, em pânico, no extremo do medo de morrerem queimados, atiraram-se do andar no qual estavam, preferindo morrer de outra maneira. Era a tentativa de fugir da morte, indo ao seu encontro de outro modo. Algo parecido ocorreu em 1912, quando o transatlântico Titanic naufragou ao chocar-se com um *iceberg*. Dos 2240 passageiros, 1517 morreram. Muitos morreram ao se atirar ao mar para se salvar. Há muitos casos semelhantes de reações extremas diante da iminência da morte. Essas e outras reações mostram que o medo, quando chega ao seu extremo, leva a atitudes suicidas. Parece contraditório, mas não é. É o que ocorre com muitas pessoas que se suicidam, ou tentam o suicídio. Na sua maioria, não querem a morte, o que querem na verdade é se livrar da morte. Porém, não veem outra saída senão a própria morte. Assim sendo, o medo da morte o maior de todos, ele pode também conduzir à morte.

Vemos, assim, o quanto o medo está presente em nós, em graus variados, dependendo da situação. Lidar com os medos é um dos grandes desafios que temos ao longo de nossa vida. E uma das primeiras coisas que precisamos aprender é lidar com eles, se queremos ter paz e crescer como pessoa. Nunca vamos estar livres dele, pois, como vimos no início, certa dose de medo é benéfica e necessária, mas não podemos deixar que o medo prejudique ou atrapalhe a convivência social. Há situações que causam medo e que são passíveis de serem evitadas, outras, não. Cabe a cada um de nós, evitar aquelas que podem ser evitadas e lidar de modo equilibrado com as que não podem.

Assim, tenhamos cuidado com os medos, eles podem roubar os sonhos e enfraquecer a força interior, como diz uma expressão popular. O medo nos impede de agir e até reagir. O medo paralisa. São muitos os que, por medo, não arriscam, não ousam e por isso nunca obtêm conquistas, ou se conquistam, conquistam muito pouco, simplesmente porque o medo os impede. Portanto, se tiver de ter medo, tenha medo da covardia, da falta de caráter, da desonestidade, do preconceito e de tudo aquilo que possa prejudicar a outros.

IX

Pequenos prazeres da vida

A vida é feita de pequenos prazeres, embora haja tantos desprazeres e sofrimentos. Nessa paráfrase ao poeta Vinicius de Moraes[35], vemos que quem não percebe e não desfruta desses breves momentos de prazeres, passa pela vida em brancas nuvens, ou gasta seu tempo prestigiando apenas o sofrimento, pois quem dá atenção apenas aos problemas, dá mais valor a eles que aos momentos bons, desqualificando, assim, sua própria vida. Quanto mais atenção nós damos a determinada coisa ou situação, mais elas passam a ocupar os espaços da nossa vida.

Se fôssemos quantificar os momentos de prazer e os de sofrimento, perceberíamos que os momentos de prazer são mais numerosos. O fato é que eles são tão bons e frequentes, que passam a ser normais, e os são de fato, mas nem por isso precisamos ignorá-los. Porém, no meio de tantos momentos bons, quando surge um momento de sofrimento, canalizamos toda a nossa atenção a ele,

---

35   MORAES, V. Samba da bênção. De Vinicius de Moraes e Baden Powell. Em: *De Baden para Vinicius*. WEA: 2010, faixa 12, CD.

conferindo ao sofrimento uma importância maior do que ele merece. Assim, dá-se a impressão de que os momentos de sofrimento são mais numerosos, mas não são. Eles são dolorosos e por isso são mais marcantes, mas não ocupam a maior parte de nosso dia a dia. Pessoas negativas preferem dar mais importância aos momentos dolorosos e se fazem de vítima, buscando angariar a pena, ou compaixão dos outros, enfatizando sua dor. Mas elas não deveriam agir assim, pois ninguém gosta de pessoas que vivem se lamentando, ou que só veem tristeza a sua volta. A vida é para ser vivida na sua plenitude e não podemos perder tempo com os momentos de sofrimento.

Admiro as pessoas que, mesmo passando por sofrimentos horríveis, encontram forças para sorrir e estar de bem com a vida. Elas sabem que lamentações não vão diminuir sua dor, pelo contrário, vão expandi-la ainda mais. Sorrir e ter esperança quando tudo parece que vai desmoronar não é procedimento para qualquer um. Somente os fortes, os bravos conseguem enfrentar a dor sem sucumbir a ela. O sorriso, o alto astral exorciza a dor tornando-a menor, mais branda. Quem consegue rir da própria desgraça encontra o caminho da graça. Não da graça de ser engraçado, mas da graça no sentido teológico do termo. A graça como bênção, como força para superar o sofrimento e vislumbrar os prazeres da vida, que podem surgir mesmo em meio aos momentos de dor. Rubem Alves falava desses momentos fazendo uso de um conto da tradição zen, com a expressão "colher morango à beira do abismo". Diz ele que:

> *Um homem ia feliz pela floresta quando, de repente, ouviu um urro terrível. Era um leão. Ele teve muito medo e começou a correr. O medo era muito, a floresta era fechada. Ele não viu por onde ia e caiu num precipício. No desespero*

agarrou-se a uma raiz de árvore, que saía da terra. Ali ficou, dependurado sobre o abismo. De repente olhou para sua frente: na parede do precipício crescia um pezinho de morangos. Havia nele um moranguinho, gordo e vermelho, bem ao alcance da sua mão. Fascinado por aquele convite, para aquele momento, ele colheu carinhosamente o moranguinho, esquecido de tudo o mais. E o comeu. Estava delicioso! Sorriu, então, de que na vida houvesse morangos à beira do abismo...[36]

Precisamos aprender a colher morangos à beira dos abismos de nossa vida para que ela seja mais prazerosa. Porém, há quem faça o contrário, ao conseguir transformar os momentos bons em momentos dolorosos. Poderíamos expor uma infinidade de situações, mas isso não vem ao caso. O propósito é acentuar os bons momentos, embora seja preciso, muitas vezes, colocar o sofrimento lado a lado com os momentos bons para valorizarmos mais os momentos bons, de prazer (entendido como algo bom e que faça bem, pois nem tudo que dá prazer é bom). A droga, por exemplo, pode até trazer momentos de prazer, mas não é algo que faça bem, pois suas consequências são desastrosas, tanto para quem dela faz uso, quanto para a família de quem a usa e para a sociedade. Assim, vale destacar que nem tudo que é bom faz bem.

Além disso, quando falamos dos prazeres da vida, não nos referimos a coisas fantásticas, acontecimentos extraordinários que mudam completamente a vida, mas a coisas corriqueiras, ordinárias, presentes no dia (ou na noite), como acordar e se dar conta de que nos foi concedido mais um dia de vida. Viver é maravilhoso em todas as suas dimensões. A vida é um dos maiores milagres. Quantos vivem em busca de milagres e não percebem que o fato de estar vivo já é um grande milagre, para não dizer o maior de todos.

---

36 ALVES, Rubem. *Concertos para corpo e alma*. Campinas: Papirus, 2000, p.77.

Além de estar vivo, acordar e não estar sentindo dor já é um grande prazer. Nosso corpo é uma "máquina" complexa e pode dar problema em qualquer parte e momento. Assim, acordar e não sentir dor já é motivo para se alegrar. Nem sempre percebemos esse dado tão importante da vida: viver sem dor. Só percebemos que não estávamos sentindo dor quando alguma dor aparece. Aí então vamos logo em busca de algo que a elimine. Ninguém gosta de sentir dor, por menor que ela seja. Ela serve também para sabermos valorizar os momentos em que não sentimos nenhuma dor, pois na maior parte do tempo não sentimos dor alguma e isso é imperceptível. Quem já passou por grandes dores, sérias enfermidades, sabe o valor de não sentir dor. Porém, não basta não sentir dor, é preciso não provocar a dor e o sofrimento. Sim, somos peritos em provocar a dor e fazemos isso muitas vezes de modo inconsciente, porque a dor é balizadora de nossos prazeres. Quando a dor passa, a sensação de prazer é maior e aprendemos a valorizar mais esses momentos sem dor.

Não falo apenas da dor física, mas também dos outros tipos de dores, como a dor psicológica, a dor da alma. Ela não é curada com medicamentos alopáticos, mas com amor, atenção, carinho. A dor da solidão, por exemplo, só é curada com uma boa companhia. A dor do amor só é dissipada com a presença, ou a correspondência da pessoa amada. A dor da saudade só é curada ou amenizada com a presença ou o contato com a pessoa distante. A mãe ou pai que sente saudade do filho ausente só tem sua dor diminuída com o contato direto ou indireto com o filho ou filha. Quando os pais perdem um filho, a dor parece se tornar insuportável porque não há nada que consiga dissipá-la. Dizem que não há dor maior do que a de perder um filho. Alguns buscam diminuir a dor guardando objetos, lembranças do filho que morreu, mas isso não é suficiente para aplacar a dor. Pelo contrário, aumenta ainda mais, o que faz lembrar os versos de Chico Buarque: "que a saudade é o revés de um parto, a saudade é arrumar o quarto do filho que já morreu".[37] Existe expressão maior de dor do que a da mãe que continua a arrumar o quarto do filho que já morreu? Esse é um tipo de dor que não há remédio que cure. Somente o tempo vai cicatrizando a ferida deixada pela morte, mas ela sangra constantemente e de tempo em tempo. Basta uma ocasião especial para a dor voltar com mais intensidade, como o Natal, o aniversário de vida ou de morte, enfim, os momentos em que a família se reunia para celebrar a vida com a presença daquela pessoa que não está mais fisicamente presente. A dor da perda de um ente querido não tem explicação, pois não sabemos onde ela se localiza. Quando alguma parte do corpo dói, procuramos um médico e ele trata logo de descobrir a causa da dor e receitar um medicamento. Mas a dor da perda não tem como receitar medicamento. Há profissionais que podem acompanhar essa dor para torná-la suportável, mas não é um remédio que dá alivio imediato. É preciso tempo, sempre o melhor remédio. Por isso, é bom saber que na vida há um tempo para tudo, mas o tempo da dor parece não ter fim, seja ela do corpo ou da alma. Não sei qual é a pior, pois todas significam sofrimentos.

A dor física traz uma série de desconfortos. Mesmo que seja uma coisa simples e banal, como um resfriado,

---

37 HOLANDA, C. B. de. Pedaço de mim. De Chico Buarque de Holanda. Em: *Ópera do malandro*. Universal Music: 1978, faixa 15, LP.

que sabemos que logo passa, é algo desagradável. Ele nos deixa indispostos, tira um pouco o brilho da vida e, dependendo da sua intensidade, pode se tornar algo mais sério. Porém, mesmo um resfriado nos faz pensar que a vida é tão boa quando estamos bem de saúde. Como diz a sabedoria popular, "saúde é o mais importante". E se um mero resfriado já é algo desconfortante, imagine aqueles que têm uma doença mais séria, uma dor mais intensa? Essas pessoas aprendem a valorizar os pequenos prazeres da vida, como o fato de não sentir dor. Ninguém passa por uma dor intensa sem aprender com ela a valorizar mais a vida e seus pequenos prazeres. Quem teve ou tem um câncer, por exemplo, enxerga a vida de outra maneira, por outra dimensão. Aquilo que antes não tinha nenhuma importância passa a ter um significado especial. Saber que se está diante da morte ou na sua iminência faz com que a vida se recubra de significados especiais. Pessoas que foram curadas dessa doença enxergam a vida diferente, mas não precisaríamos passar por isso, ou por qualquer outro tipo de sofrimento, para aprendermos a valorizar e viver com intensidade os pequenos prazeres da vida.

São tantas as coisas prazerosas que nos são concedidas gratuitamente, mas que passam despercebidas, ou das quais percebemos uma parte ínfima. Por exemplo, enquanto escrevo este texto, ouço lá fora a chuva cair. Gosto de ouvir o barulho da chuva. É um prazer gratuito, simples, mas que traz uma paz e uma tranquilidade sem tamanho, o que faz lembrar Fernando Pessoa[38] em um de seus versos: "Às vezes ouço passar o vento, / e só de ouvir o vento passar, vale a pena ter nascido". A chuva que ouço agora

---

38   PESSOA, Fernando. *O livro do desassossego*. São Paulo: Companhia das Letras, 2006.

é uma garoa fina, que bate nas folhas das plantas e faz um ruído que lembra minha infância no interior, quando vivia no campo. Nos dias chuvosos, sentia um prazer enorme em brincar na chuva. Ou então, pegava um livro para ler. Desde aquela época gosto de ler em dias de chuva. O barulho da chuva mansa é algo leve, quase terapêutico, que relaxa. Dá vontade de voltar para a cama, de se envolver nos cobertores e ficar ouvindo o ruído da chuva contínua e calma. Isso me lembra um amigo que nos dias de chuva gostava de colocar latas vazias, de boca para baixo, só para acentuar o barulho que as goteiras faziam. É um prazer inenarrável, mas alguns podem transformar em dor e enxergar os dias chuvosos como dias depressivos. Tudo depende do nosso interior e de como anda nossa alma e nossa relação com as coisas simples da vida.

É também um prazer maravilhoso acordar pela manhã e ouvir os pássaros no bosque, ou nas árvores da rua. Quando desperto de madrugada, gosto de ficar desfrutando o silêncio dessa hora da noite em que a maioria das pessoas está dormindo e tudo é silêncio. Ah, o silêncio, como ele é precioso! Carecemos de silêncio. Há muitos ruídos à nossa volta e até dentro de nós, e não temos mais tempo para o silêncio. Ele está ficando cada vez mais raro que, quando o temos, chega a incomodar. Há quem fuja do silêncio a todo custo, porque ele o faz encontrar consigo mesmo e nem todos gostam desse encontro. É um prazer nos encontrarmos com nós mesmos. Quem se ama gosta de se encontrar, de estar sozinho em alguns momentos, de pensar em si e na sua vida. É bom se olhar no espelho e ficar satisfeito com o que se vê. É bom cuidar de nós mesmos, pois se estamos bem, podemos também cuidar melhor dos outros para que estejam bem, vivendo com prazer. Todas essas coisas fluem melhor no silêncio da madrugada, quando tudo é calmo e dá para se ouvir longe, muito longe, nas entranhas da alma e da realidade que nos cerca. Às vezes esse silêncio é rompido pelo canto de um galo, distante, que me conduz mais distante ainda, em tempos idos, quando despertava com seu canto. Gosto de despertar assim. Há quem se incomode com eles, esses anunciadores de um novo dia. Eles incomodam porque talvez não façam parte de sua vida, de sua história. As coisas que não o fazem, não nos comovem, porque não têm muito significado. Assim, as madrugadas ou as noites de insônia têm lá também seus prazeres. Os momentos de insônia podem ser transformados em momentos de oração, meditação, lembranças ou inspirações. Raramente tenho insônia, mas quando a tenho, aproveito para meditar e, comumente, tenho inspirações que se tornam belos textos. Por isso, até os momentos não tão prazerosos podem ser transformados em pequenos prazeres.

O que nos faz suportar a dor da vida é a capacidade que temos de driblá-la. Quando visitava presidiários costumava levar livros. Enquanto liam, a dor da prisão era dirimida pela imaginação que viajava através dos textos, das palavras. Quando lemos um bom livro, viajamos sem sair do lugar. Já conheci lugares e pessoas maravilhosas por meio dos livros, eles concedem asas à imaginação. Voar (sem pensar nos aviões) deve ser um prazer indescritível, privilégio das aves, mas nos é permitido voar através dos livros, do pensamento. Pensar é uma forma de voar. Podemos estar em diversos lugares na velocidade da luz. Lugares onde gostaríamos de estar, mas que por alguma razão não podemos. Além disso, viajar no pensamento não custa nada e não traz desgastes físicos. O presidiário que lê ganha a liberdade, não física, porém mental. Qualquer pessoa que lê ganha liberdade, pois existem muitas pessoas supostamente livres que não sabem usufruir do prazer de sua liberdade e vivem presas às suas mediocridades. A leitura amplia horizontes e deve ser feita com prazer. Quem descobre o prazer da leitura, descobre a liberdade. A liberdade de ir e vir aonde desejamos, de produzir e expressar ideias e ideais: enfim, a leitura é um prazer maravilhoso. Quantos gostariam de poder ir até a rua e não podem porque estão presos a camas de hospitais ou a cadeiras de rodas, dependendo de outros para os conduzir? Ao ler, ganham a liberdade de ir e vir.

A liberdade de pensamento é um prazer. Podemos pensar o que queremos, pois ninguém tem acesso aos nossos pensamentos, a não ser que possibilitemos esse acesso. É uma liberdade grandiosa que temos e que poucos pensam sobre isso. Muitos fogem do pensamento, buscando ocupações para não pensar. Pensar pode ser para uns, um prazer, e para outros, um tormento, mas tudo depende do que pensamos e como pensamos. Se aprendermos a pensar para que o pensamento favoreça nossa vida e nosso ser, o pensamento torna-se algo bom, embora tenha lá sua parcela de dor, como já tratado em outros textos meus. Mas pensar é sempre bom. Quem perde as faculdades mentais, ou a capacidade de pensar, deve ter um sentimento horrível, ou não. Pelo menos é essa impressão que dá ao vermos pessoas com deficiência mental ou com algum tipo de doença que afeta o pensamento, como o Mal de Alzheimer. Talvez não sofram tanto como as que a cercam. Um pai ou mãe que não consegue reconhecer os próprios filhos e que se vê cercado por estranhos e num lugar igualmente estranho deve sofrer amargamente. É comum pessoas acometidas pelo Mal de Alzheimer chamar pelos filhos mesmo os tendo a sua volta. Ou querer voltar para casa, estando em casa. O filho que essa pessoa chama é o que ficou na sua lembrança tardia, de tempos idos, talvez da infância. O mesmo acontece com a casa para a qual ela quer voltar. É a da sua imaginação que ainda resta, vivida em outros tempos e que já não existe mais, a não ser na sua memória fragmentada pela doença. O que fazer nessa situação? Concordar com a pessoa. Dizer que chamará os filhos para a levarem para sua casa. Isso acalma a alma daquele que sofre o exílio em sua própria casa, cercada pela família. Viver essa situação na família é doloroso, mas deve servir para a valorização da vida e de seus pequenos prazeres, pois tudo é passageiro e não sabemos como será o amanhã. O que temos hoje, podemos não ter amanhã. Ter consciência da transitoriedade da vida e das coisas deveria ser um motivo para vivermos, a cada dia, seus bons momentos e aprender com os momentos de sofrimento.

Há tantos prazeres a serem vividos! Eles são incontáveis. Enxergar, ouvir, falar, pensar, andar, comunicar-se de alguma forma etc. São maravilhas da vida. Até os que são privados de alguns desses prazeres têm outros, pois a vida é tão perfeita que quando um prazer nos é tirado, outros nos são concedidos, e às vezes numa intensidade bem maior. Por exemplo, pessoas privadas da visão desenvolvem outras formas de enxergar bastante eficazes. Elas desenvolvem um senso de percepção mais aguçado que os com boa visão. O mesmo ocorre com outras deficiências. É a vida na sua capacidade de recomposição, ou de resiliência.

Assim, apesar de todos os percalços da vida, descobrir e viver as pequenas e boas coisas do dia a dia nos dá um imenso prazer de viver. Pense nisso e faça uma lista das coisas boas que você vive todos os dias. Você verá quão maravilhosa ela é.

X

A vida: uma viagem sem volta

Qualquer que seja seu caminho, deixe-se ser conduzido pela mão de Deus que você chegará bem ao seu destino. Porém, não tenha pressa de chegar logo ao final. O prazer de toda viagem, de todo caminhar, é o percurso e não apenas a chegada. Quem cerra os olhos durante a viagem e não desfruta das belezas que encontra pelo caminho, simplesmente não vive, ou torna a viagem cansativa e sem sentido. Deus coloca diante de nós, todos os dias, uma infinidade de belezas, mas pela ânsia da conclusão dos afazeres, não percebemos as maravilhas que se desdobram diante de nós. Tantas vezes nos tornamos escravos do trabalho, dos afazeres e nos esquecemos de enxergar neles beleza, além do prazer nas pequenas coisas, ou no simples gesto de executá-las, ou nas coisas que estão no entorno daquilo que fazemos. Fazer um trabalho, qualquer que seja, sem enxergar nele prazer algum, é uma violência conosco, pois nessa situação estamos desperdiçando o tempo e a própria vida, pois a vida se mede também pelo tempo que vivemos.

Assim também são as viagens, os passeios e, sobretudo, essa viagem que representa nossa vida. Passar por ela sem desfrutar das belezas é simplesmente não viver. Aquele que, quando o dia amanhece, fica a esperar a noite, não viverá a noite porque ela também será uma espera ansiosa pelo novo dia. Quem passa pela vida apenas esperando dias melhores, sem perceber o que há de bom no momento vivido, simplesmente a desperdiça.

Para que seu dia seja realmente belo e bom, preste atenção nos detalhes, e veja a beleza que neles se escondem, pois Deus se revela no detalhe. O artista, fotógrafo ou pintor, capta o detalhe de uma imagem, aquilo que quase ninguém percebe e nisso consiste seu talento. Quando olhamos uma fotografia, ou uma pintura, ficamos deslumbrados, mesmo que tenhamos passado inúmeras vezes diante dela enquanto estava apenas na natureza. Porém, quando é transportada para a tela, pela habilidade do artista, revela todo o seu esplendor. É esse o olhar de artista que a vida nos pede. Aquele olhar que vê o que poucos veem, e ao ver o que poucos veem, busca eternizar aquela imagem ou momento efêmero. A vida é um momento efêmero que devemos eternizar por meio de nossos atos, porque viver é uma arte, mas nem todos entendem a arte viver, ficando simplesmente no rascunho.

Temos de acreditar, a cada manhã, que teremos um bom dia, na paz e na certeza de que tudo vai dar certo. Quando temos essa predisposição, a probabilidade de as coisas darem certo é muito grande, e mesmo que nem tudo saia conforme o planejado, saberemos encontrar encantos em outros cantos da vida, sem que isso nos faça desanimar ou perder a alegria de viver. Temos que lembrar sempre: não há problema que não tenha solução, e todo caminho tem uma saída! Basta confiar e seguir adiante que as luzes vão despontando, como o fazem as estrelas na escuridão do céu. Independentemente de as vermos, elas estão lá. Quem tem a sensibilidade de olhá-las, visualizará tais belezas reveladas pelo infinito. Assim também é a vida. Descobrem sua beleza aqueles que se interessam por ela, seja na escuridão da noite ou ao sol do meio-dia. Não espere simplesmente que o dia seja melhor, faça o dia ser melhor fazendo melhor as coisas, sendo uma pessoa melhor.

Não deixe que as flechas da ira firam seu coração e o dos seus semelhantes. Pense antes de falar e analise se suas palavras não irão ferir. Busque sempre animar quem estiver desanimado. Animar significa "dar alma", dar sentido, dar vida, e quem anima outros sem perceber está concedendo vida à outra pessoa. Fale menos e ouça mais. Quem não sabe ouvir também não sabe falar, pois a fala supõe que haja antes a escuta atenta e silenciosa. Não dê importância aos pequenos dissabores e não fique focado nas coisas que te aborreçam. Assim, você evitará estresse e sua vida será bem melhor. Não se esqueça de fazer boas ações. Não fale da vida alheia, a não ser que seja para enaltecer alguém. Não aponte os defeitos das pessoas, mas lembre-se de que você também não é perfeito. Busque a perfeição, mas não comparando com as imperfeições alheias. Não trate mal ninguém, mesmo que você não esteja bem. As pessoas não têm culpa dos seus problemas e, mesmo que tivessem, se estressar não os resolverá. Sempre que tiver oportunidade, elogie alguém, pelo menos uma vez ao dia. Isso faz um bem enorme para ambas as partes. Procure rir com as pessoas e nunca das pessoas. Respeite as diferenças e o diferente, mesmo que você não se identifique ou não concorde com o jeito da pessoa ser. Seja amável e educado, pois isso facilita as coisas e a vida, tornando-a mais prazerosa.

Aproveite cada momento da sua vida, pois eles não se repetirão. Poderão ser repetidas as ações, mas ainda assim elas não serão as mesmas. Cada ação, por mais parecida que seja, não é a mesma, e você também não será o mesmo cada vez que a praticar. O que você fez no minuto passado será diferente no momento seguinte, e você também estará um minuto mais velho, ou um minuto mais experiente. O que você viveu hoje, você não viverá amanhã. A vida não se repete, embora muitos pensem que todos os dias são iguais e que a vida seja repetição. A vida é uma viagem sem volta. Quando nascemos, começamos nossa viagem. Cada dia, cada mês e cada ano passa sem se importar se estamos desfrutando ou não da viagem. Paisagens que você encontrou hoje ficarão para trás e não há como retroceder. Boa parte dessas "paisagens" nós ajudamos a construir. Elas ficarão para outros verem. Podemos deixar aqui um jardim com coisas belas e outros visualizarão e desfrutarão dessa beleza, ou podemos deixar coisas feias e paisagens áridas. Seremos lembrados por aquilo que fizermos, pelas marcas que deixarmos.

XI

Quando o imanente e o transcendente se tocam

As pessoas se eternizam na nossa vida pelo bem que fazem e, assim, viverão enquanto forem lembradas. Há pessoas que são assim, deixam um legado a todos nós, exemplos de amor e de dedicação ao próximo, de simplicidade que jamais são esquecidos. Ficamos comovidos, e não sem razão, quando essas pessoas têm sua Páscoa antecipada, porque quem amamos sempre morre antes da hora. Assim, guardamos na memória as imagens, as lembranças de quando estavam por perto, e sua morte parece apenas um pesadelo do qual logo vamos despertar. São esses elementos que geram saudade e nos fazem existir, pois motivam a lembrança, e continuaremos a existir enquanto formos lembrados. A saudade é sempre o sinal da presença de uma ausência, dizia Rubem Alves[39]. Quando sentimos saudade é sinal de que algo, ou alguém, é importante para nós, e que deixou em nós algo que nos faz lembrar. A saudade é algo que ficou de alguém que partiu e não levou tudo o que lhe

---

39 ALVES, Rubem. *Sobre o tempo e a eternidade*. Campinas: Papirus, 1996, p. 112.

pertencia. Saudade é isso, ou seja, mais que a presença de uma ausência, mas apenas a ausência de uma presença física, porém com a presença espiritual daquelas pessoas que amamos e que nunca morrerão em nossa lembrança. A presença espiritual é mais forte e marcante que a real, porque a presença espiritual nos concede a graça de ter conosco, do jeito que sonhamos, ou que desejamos, aqueles que amamos.

Há pessoas que são tão especiais que tudo contribui para que sejam as pessoas certas, na função e no lugar certos. Elas sabem não apenas levar Deus para os outros, mas elas mesmas emanam a presença de Deus em suas palavras, ações, fidelidade e integridade que sinceramente demonstram em cada gesto. Quando partem, a família e os amigos perdem sua presença física, mas o céu ganha mais estrelas que continuarão a brilhar no infinito do universo, e assim seu brilho atingirá todos.

Nossa fé não nos deixa duvidar de que elas estão junto de Deus. Elas estarão sempre na lembrança de todos aqueles que, de alguma forma, tiveram a graça de conviver com elas. Assim, somos felizes por ter tido a graça de conhecê-las e tê-las tantas vezes ao nosso lado. Pessoas assim nunca são apagadas de nossas lembranças, por isso viverão eternamente. Desse modo, Deus concede a graça a todos os que de alguma forma aprenderam com essas pessoas os dons da bondade e da humildade, e que colocam em prática essas virtudes, pois são elas as senhas que abrem as estreitas veredas que conduzem ao reino do Céu.

Não é fácil lidar com as perdas, principalmente de pessoas que nos são caras. Fica sempre um vazio difícil de ser preenchido, a não ser pelas lembranças. Tudo nos faz lembrar aquela pessoa. Um lugar, uma música, algo de que ela gostava, sem falar das suas coisas. Como é difícil para uma mãe entrar no quarto do filho que já morreu... Como é difícil para um filho rever as coisas que foram de sua mãe, como vimos na canção de Chico Buarque, citada anteriormente. Para uma mãe, a morte de um filho é o revés de um parto. Arrumar seu quarto depois de sua morte é como se esse filho voltasse para suas entranhas, porém com uma dor que agora sente na alma e não apenas no corpo. Nesse caso, como diz a canção, "a saudade é o pior tormento / é pior que o esquecimento / é pior que se entrevar". Não existe pior tormento do que a saudade de um filho que já morreu. Os filhos são pedaços de seus pais: por isso, quando partem, é como se lhes fosse arrancada uma parte. A dor dessa mutilação é indescritível, sentida apenas por aqueles que já passaram por isso. Assim, a saudade de uma pessoa ausente, porém viva, é diferente. Temos sempre a esperança de encontrá-la algum dia. Vivi algo semelhante quando fui para o seminário. Minha mãe manteve meu quarto do jeito que eu o havia deixado: minhas roupas no armário, meus velhos chinelos ao lado da cama, alguns dos objetos que deixei nas gavetas, meus cadernos, meus papéis, minhas ferramentas de trabalho etc. E isso por mais de dez anos. Eu ainda encontrava minhas coisas como eu as tinha deixado, como se eu tivesse apenas saído para dar uma volta na cidade e retornado em seguida. Cada vez que eu voltava de férias para casa, ou de um passeio, esse gesto dela me conferia a sensação de eu nunca ter saído de lá, e eu me sentia literalmente em casa.

No entanto, a saudade de quem já morreu é diferente. Sabemos que nunca mais vamos rever uma pessoa, a não ser nos nossos sonhos e na nossa imaginação, por meio das imagens que guardamos dela na memória. Enquanto existir um fio de lembrança daquela pessoa na nossa memória, ela viverá em nós. Ela só morrerá de fato quando nos esquecermos dela. Muitos, para não sofrer, querem esquecer, mas será que esquecer é bom? Ninguém quer ser esquecido. Esquecer é uma maneira de matar a outra pessoa, por isso ninguém quer ser esquecido. Mesmo sendo o pior tormento, a saudade é o sinal de que amamos aquela pessoa. Ninguém sente saudade de quem não quer bem, de quem não ama. Por isso, por mais dolorosa que seja uma saudade, essa dor é nosso ser dizendo que a outra pessoa é ou foi importante na nossa vida.

Não queira esquecer quem você ama ou amou, mesmo que isso te faça sofrer. O maior presente que podemos dar a alguém é a lembrança que guardamos dela. Se é boa, essa pessoa recebe o prêmio que mereceu por ter sido uma pessoa boa. Ninguém perde por ser bom. É a única coisa que realmente tem valor nesta e na outra vida, é o que nos eterniza. As coisas boas que fazemos ficam de alguma forma marcadas para sempre. Às vezes pequenos gestos, que nem percebemos, marcam muito a vida de outras pessoas. Esses pequenos gestos, somados a tantos outros que fazemos ao longo de nossa vida, vão formando nosso céu, nossa eternidade na lembrança daqueles que convivem ou conviveram conosco. Quando morremos, são esses gestos que serão lembrados. Há gestos humanos que, de tão humanos, tocam o divino. Por meio deles, o imanente toca o transcendente, o céu se aproxima da Terra. Pessoas que durante sua vida tiveram gestos dessa natureza, já adentram o céu antes de morrer e, quando morrem, têm um lugar reservado à direita ou à esquerda de Deus, como queriam os filhos de Zebedeu, Tiago e João. Essas pessoas deixam muita saudade, mas também nos deixam a certeza de que estão juntas de Deus e isso nos conforta, por mais dolorosa que seja a morte.

Há um texto atribuído a Santo Agostinho, "A morte não é nada", que nos conforta diante da morte. Ele começa dizendo que a morte nada mais é do que uma passagem para o outro lado do caminho. Acho bela essa imagem da vida como um caminho com duas margens. De um lado o imanente, a vida que aqui se vive, conscientes daquilo que somos e do que fazemos; e do outro, o transcendente, o desconhecido, no qual projetamos as imagens deste mundo. Essa ideia de continuidade é confortante e dissipa o medo da morte, pois a morte literal, no sentido de fim mesmo, é terrível e assustadora. O texto diz também que somos o que somos, ou seja, somos indivíduos, e o que somos uns para os outros continuaremos sendo, independentemente da margem do caminho em que estamos, isto é, "o que eu era para vocês, continuarei sendo", diz o texto. Assim, deveríamos viver como se não fôssemos morrer, e morrer como se fôssemos viver. Quando temos essa relação com a morte, ela deixa de ser assustadora, pois a vemos apenas como uma passagem. É esse também o sentido da Ressurreição, da Páscoa. Assim, a expressão "o que eu era para vocês, eu continuarei sendo", mostra esse sentido de continuidade, de seguimento do caminho, mesmo que em margens diferentes. Devemos continuar dando à pessoa o nome que sempre demos, e conversarmos com ela como sempre conversamos. Isso não é loucura, é confiança de que a outra pessoa não morreu, mas que renasceu e continua viva entre nós, mesmo em margens diferentes, ou dimensões distintas. Apagá-la da memória, ou tratá-la como morta, é matá-la de fato. Lembro-me de uma mãe, cujo filho tinha morrido.

Ela entrava todos os dias no seu quarto e conversava com ele como se estivesse ali, fisicamente. Ela não estava louca, estava mais lúcida que nunca. Ela sabia e sentia seu filho vivo, ouvindo e interagindo com ela de alguma forma. Quando ela saía do quarto, estava mais tranquila e em paz. Ela fez isso até o fim de sua vida. Esse filho nunca morreu para ela, pois esteve sempre vivo em suas lembranças. Essa mãe, depois da morte do filho, continuou vivendo no mundo das criaturas e ele foi para o mundo do Criador. Ela sabia disso, porém acreditava que o mundo do Criador e o mundo das criaturas mantêm estreita conexão, sendo divididos apenas por um caminho. São duas margens paralelas de um mesmo caminho. Uns veem entre essas duas margens um abismo intransponível; outros conseguem vê-las muito próximas uma da outra. É o amor que encurta a distância entre essas duas margens.

O mais interessante é que essa mãe não usava um tom solene ou triste para falar com o filho. Ela lhe falava como antes de sua passagem para a outra margem, rindo daquilo que faziam juntos e o aconselhando como fazia antes. Ela pensava nele, falava e sorria com ele, e rezava por ele. Nada se alterou no seu relacionamento com o filho. Assim, entrar no quarto do filho era o mesmo que entrar na sua vida e estar com ele. Ela manteve por muitos anos suas roupas no mesmo lugar, seus chinelos ao lado da cama, como quando saía para a rua; seus quadros, discos, suas coisas. Apenas uma foto dele foi ampliada e colocada sob a escrivaninha, para dar mais realidade à cena. Na foto, ele sorria. Seu sorriso, congelado na imagem da foto, ficou eternizado na sua lembrança.

Quando amamos uma pessoa, qualquer coisa relacionada a ela serve de pretexto para ter sua presença de alguma forma. Tenho, assim, muitas pessoas presentes na minha vida. Algumas eu não vejo há anos; outras eu nunca mais vi, e nem as verei, porque elas já partiram deste mundo, estão em outro plano, mas continuam presentes em presentes que me deram, em palavras que me disseram, em gestos e ações que tiveram: enfim, mas em presenças na minha vida, em algum momento e de alguma forma. De algumas tenho fotos; de outras, as imagens estão guardadas no arquivo da memória e, enquanto houver memória, elas estarão lá, como se estivessem fisicamente, para sempre, enquanto durar a memória, a lembrança.

Se você sente, ou já sentiu saudade, sabe muito bem do que eu estou falando. Que tenhamos sempre saudade de alguém, porque a saudade nos faz mais sensíveis e a sensibilidade é fundamental para o ser humano tomar consciência da sua fragilidade e da fragilidade de seus semelhantes, e assim valorizarmos mais as pessoas enquanto elas estão fisicamente presentes. Portanto, ame o que você tem antes que a vida lhe ensine a amar o que você tinha. A única coisa que o trará de volta será sua lembrança.

Sempre encontramos uma forma de eternizar nas nossas lembranças as pessoas que amamos. É uma forma de fazer com que o imanente e o transcendente se toquem e diminuam os abismos que existem, ou que são colocados entre eles.

XII
A resiliência é uma força interior

"Se a semente da vida se romper por uma força exterior ela pode morrer, mas se romper pela força interior, a vida floresce" (Jo 12,24). Nunca desacredite da força que existe dentro de você, pois as grandes mudanças na vida começam de dentro para fora. Se não vier de dentro, do mais fundo da alma, não é vocação, e se seus empreendimentos não forem por vocação, dificilmente vingarão. Tudo na vida precisa vir de dentro do nosso ser, somente assim nos sentiremos realizados pelo que somos e naquilo que fazemos.

Não meça esforços para realizar seus sonhos, desejos e projetos, porque são eles que dão sentido a sua vida. Eles podem parecer estranhos e absurdos para os outros, mas se te fazem bem, é o que importa. Quem busca fazer as vontades alheias, ou aquilo que é convencional para a sociedade, pode até representar um belo papel, mas será sempre uma pessoa irrealizada e, consequentemente, infeliz. Somente você pode dar asas aos seus sonhos, mais ninguém. Os outros podem até ajudar, mas depende de você buscar e realizar aquilo que deseja. Não dê tanta importância ao que as pessoas pensam e dizem de você.

Preocupe-se em estar bem e ser feliz, pois isso ninguém pode fazer por você.

Se errar, tente de novo. O bom da vida é que sempre é possível recomeçar, sobretudo quando sabemos que há pessoas que nos apoiam. Mas, mesmo quando não existem essas pessoas, ou não conseguimos enxergá-las, saiba que dentro de você há uma força incomensurável, capaz de vencer todos os obstáculos. A essa força dá-se o nome de resiliência. Ela existe dentro de cada um, porém nem todos sabem onde ela está, ou não sabem como e quando a usar. Por isso, quem descobre essa força, descobre uma grande aliada na sua vida. Quem acredita em si não desiste fácil, mesmo com sucessivas derrotas, pois quem acredita sabe que sua hora virá. Quem acredita em si próprio encontra força para se recompor nos momentos de fracasso e superar os obstáculos. Porém, o mais importante é saber que ela existe e que podemos fazer uso dela, não obstante as forças negativas exteriores ou interiores que às vezes tentam inibir-nos ou coibir de sermos fortes.

Quem descobriu essa força interior nunca desiste de seus sonhos. Tenta quantas vezes forem necessárias e não desiste nos primeiros obstáculos ou diante das supostas derrotas. A maioria das pessoas que venceu, ou que obteve sucesso, só conseguiu depois de sucessivas derrotas e fracassos. Se as coisas não estão dando certo agora, confie que em algum momento darão. O mais importante é ser perseverante, firme, não abandonar o barco só porque o tempo no momento está tempestuoso. Toda tempestade passa! Se você não tentar, se parar de insistir, não terá a chance de ganhar, de obter a vitória. A pior derrota é a de quem nunca tentou. Fracassar nas tentativas faz parte do processo. Você não é a primeira pessoa e nem será a última a não conseguir o que deseja na primeira tentativa. O mais importante é seguir adiante. Cada derrota, cada reprovação ou suposto fracasso em atingir o objetivo, não é fracasso. Ganhamos experiência em cada erro, e assim vamos aperfeiçoando aquilo que buscamos. Não ouça as vozes dos que te desestimulam, e nem a voz do seu lado negativo, que insiste para você parar e se acomodar. Vá adiante! Tudo vai dar certo. Somente fracassa quem desiste. Não desista dos seus sonhos por medo, nervosismo ou por achar que é incapaz, mas, sobretudo, não desista porque outros acham que você é incapaz. Se você não acreditar em você, dificilmente terá o crédito de outros. Devemos ser os primeiros a acreditar em nós mesmos, pois, o crédito de outros é a ínfima parte que falta para atingir o que buscamos. Enquanto houver amanhã, há chance de recomeçar. A maior vitória você já obteve: estar vivo(a), lendo este livro. As outras? Bom, são só questão de tempo. Quem venceu a maior batalha da vida para estar neste mundo não vai vencer batalhas tão pequenas como as que você vem travando? Pense nisso.

A beleza da vida consiste em acordar pela manhã e saber que nos foi concedida mais uma oportunidade de aprender algo. É esse encanto que faz os olhos das crianças brilharem. Você sabe por que os olhos das pessoas velhas perdem o brilho? Não é apenas pelo desgaste, mas porque se cansaram de enxergar; muitos perderam o entusiasmo de aprender, então já não refletem mais aquele viço da vida. Envelhecer é condição, mas deixar de aprender é opção. Não deixe o brilho de seus olhos se apagarem somente porque os anos avançaram, mesmo que você esteja quase cego, pois mesmo sem poder enxergar não perdemos a capacidade de aprender. Queira sempre descobrir coisas novas. Da criança ao idoso, do rico ao pobre, do letrado ao analfabeto, todos têm algo a ensinar. Isso vale também para os acontecimentos que sempre podem nos trazer alguma lição, algum aprendizado, até mesmo os mais corriqueiros, ou os trágicos. Se soubermos aprender com eles, sairemos mais fortes e sábios. Quem consegue enxergar nos acontecimentos lições para a vida, aprende mais e assim, vive melhor, aproveita mais a vida e as coisas que ela tem a oferecer.

A vida tem altos e baixos, montanhas e planícies; cada momento, cada lugar ou situação possui suas belezas e seus desafios, e cabe a cada um passar por esses momentos, lugares ou situações da melhor maneira possível. Porém, para que isso aconteça só uma coisa é importante: cuidados interiores, sobretudo para descobrir sua força interior. Não podemos esquecer que tudo aquilo que vemos e vivemos externamente é, em parte, reflexo do que trazemos dentro de nós. Por exemplo, se estamos belos e floridos por dentro, a tendência é de também enxergarmos a nossa volta a beleza das flores, mesmo que estejamos atravessando um deserto, pois o jardim interior é projetado no deserto exterior e tudo fica belo à nossa volta, porque dentro de nós tudo está belo. Porém, se houver tristezas e decepções em nós, a tendência é ver as paisagens mais belas com tristeza e decepções. Não há aqueles momentos em que não conseguimos ver graça em nada? É um sintoma do descuido interior. Há algo descuidado dentro de nós que interfere diretamente na qualidade da nossa vida. Por essa razão, cuidar de si, do interior é o primeiro passo para que você seja realmente uma pessoa bela, e assim passe a enxergar beleza em todas as coisas, porque elas não são belas nem feias, nós é que as classificamos de acordo com aquilo que temos em nós. Desse modo, podemos afirmar que a beleza exterior é relativa. Ela depende da interior.

Pessoas de bem com a vida estão de bem consigo mesmas, e isso se dá porque elas cuidam do seu interior e não apenas do exterior. Elas conseguem rir das piores desgraças e ver beleza onde a maioria não vê. Tudo porque seu interior está bem cuidado e aquela força oculta está cultivada. Por outro lado, pessoas que não estão bem interiormente, não veem graça nas coisas mais engraçadas, e não conseguem enxergar beleza nas coisas mais belas. Elas poderão estar no paraíso que só enxergarão o inferno, que está dentro delas. Assim, mesmo com o mundo colorido, vão vê-lo cinzento e sem sentido, ou com sentido apenas negativo. Todo mundo conhece alguém pessimista, negativo e mal-humorado o tempo todo. Essas pessoas estão precisando urgentemente de cuidados internos e se ninguém ajudá-las, continuarão vendo somente o lado feio da vida que está dentro delas. Assim, o convite aqui é para um tratamento de beleza interior e revigoramento da força interior. Por fora você já é uma pessoa bela, não tenha dúvida disso. Não se preocupe tanto com a aparência, foque mais na essência, pois a aparência depende da essência. Se o que é essencial, invisível aos olhos, está descuidado, o visível e superficial − isto é, o que está na superfície − também terá aparência descuidada e feia. O exterior exige bem menos cuidado que o interior, mas muita gente não sabe disso e inverte os cuidados, dedicando-se apenas à aparência e permanecendo uma pessoa vazia, ou cheia de lixo interior.

Há muita gente que cuida somente da aparência: quer estar no peso ideal (se é que isso existe), com o cabelo ideal, a pele bonita, com jovialidade e beleza, mas se esquece de cuidar do invisível, do interior, da cabeça por dentro, da alma e do espírito, e por isso nunca consegue atingir a beleza exterior que imagina ser a ideal, ficando sempre insatisfeita com a imagem que vê no espelho. Ela não sabe, ou se esquece de que o problema não está do lado de fora, mas de dentro, e por mais bela que seja exteriormente se sentirá feia, incompleta e insatisfeita, porque seu interior foi esquecido. Quem cuida da beleza interior, mesmo que desprovido de beleza exterior (se é que exista alguém assim), vai se sentir sempre uma pessoa bela e em paz com os outros e com o mundo. Cuide do seu interior e você vai perceber quanta beleza existe por fora, tanto em você quanto à sua volta; belezas que antes você não tinha percebido. Portanto, cuide do peso ideal da cabeça, da consciência, porque o peso é apenas um detalhe. Consciência pesada é bem pior que um corpo pesado.

Essa consciência é a força interior que nos faz aprender sempre. Pobre daquele que acha que já sabe tudo e não se preocupa em aprender mais. Esse é o primeiro sintoma da morte, pois no dia em que perdermos o desejo de aprender, perderemos o desejo de viver, porque um dos sentidos da vida, e talvez o mais importante, está em aprender sempre mais. Quem o perde, enfraquece a força interior e, consequentemente, perde o desejo de viver. E quanto ainda nós temos que aprender, ou reaprender! Isso porque muitas das coisas que um dia aprendemos precisam ser atualizadas, relidas, revisitadas e vistas com novos olhares. Aquilo que no passado era de determinada maneira, hoje é de outra. As coisas mudam, evoluem e precisamos acompanhar essas mudanças ou evoluções, porque também evoluímos, crescemos, se não fisicamente, mentalmente.

Quando assistimos a um filme, ou lemos um livro pela primeira vez, não captamos tudo o que ele tem a ensinar, mas quando o revemos ou relemos, enxergamos coisas que passaram despercebidas na primeira vez. Assim acontece com tudo na vida. Quantas vezes passamos pelo mesmo caminho e num dado momento enxergamos algo que ainda não tínhamos visto. É com esse olhar que convido você a ver a vida e tudo o que há nela. Não pense que você já viu tudo, ou já sabe tudo. O que você viu até agora é a ínfima parte do que existe, e você vai deixar de existir sem ter visto tudo o que existe. Portanto, não julgue conhecer tudo. Os anos que você frequentou os bancos das instituições de ensino, os livros que leu e as pesquisas que empreendeu, ou as ações e exercícios que praticou, mostraram-lhe um grão de areia no universo e lhe ensinaram pequenas coisas. Ainda falta o universo para você conhecer. Não seja ousado a ponto de querer conhecer tudo, mas não se acomode achando que já sabe tudo. Assim, a qualidade da nossa vida depende em grande parte de nós mesmos e de como lidamos com as coisas e os outros. Além disso, a longevidade não é medida pelos anos vividos, mas pelas coisas aprendidas. De nada vale viver cem anos se a maior parte desses anos foi desperdiçada sem buscar conhecimento. Há jovens que morrem profundamente sábios e velhos que morrem numa profunda ignorância. Cabe a cada um descobrir os caminhos da aprendizagem e explorá-lo profundamente a favor da vida.

Vitorioso não é apenas quem venceu na primeira tentativa, mas quem não desistiu mesmo diante de uma sequência de derrotas. Vejamos os exemplos de grandes gênios da ciência, dos esportes, das artes e de outras áreas que só se tornaram o que são porque não desistiram diante dos fracassos. Albert Einstein[40] disse que tentou 99 vezes

---

40 EINSTEIN, Albert. *Como vejo o mundo*. Rio de Janeiro: Nova Fronteira, 2015.

e falhou, mas na centésima tentativa conseguiu, e assim recomendou não desistir de nossos objetivos, mesmo que pareçam impossíveis, pois a próxima tentativa pode ser a vitoriosa. Michael Jordan disse algo semelhante quando afirmou em uma entrevista:

> *[...] errei mais de 9000 cestas e perdi quase 300 jogos. Em 26 diferentes finais de partidas fui encarregado de jogar a bola que venceria o jogo e falhei. Eu tenho uma história repleta de falhas e fracassos. E é exatamente por isso que sou um sucesso.*[41]

Darcy Ribeiro, um dos mais renomados antropólogos brasileiros disse:

> *Fracassei em tudo o que tentei na vida. Tentei alfabetizar as crianças brasileiras, não consegui. Tentei salvar os índios, não consegui. Tentei fazer uma universidade séria e fracassei. Tentei fazer o Brasil se desenvolver autonomamente e fracassei. Mas os fracassos são minhas vitórias. Eu detestaria estar no lugar de quem me venceu.*[42]

As portas que conduzem às glórias são estreitas e estão quase sempre fechadas. Não desista de continuar batendo, pois em algum momento uma se abre. Assim, saiba aproveitar a oportunidade que lhe foi concedida pela sua conquista, mas sem arrogância ou qualquer outra postura que o faça sentir superior aos outros. Você é um vencedor, mas não um ser superior, embora tenha força interior. Assim, seja a diferença que você quer no mundo, liberando a beleza e a força interior. Essa ideia faz todo o sentido, pois desejamos que o mundo seja melhor, mas nem sempre nos esforçamos para sermos pessoas melhores. Como ter um mundo melhor sem indivíduos melhores?

---

41 JORDAN, Michael. *Nunca deixe de tentar*. Rio de Janeiro: Sextante, 2009.
42 RIBEIRO, Darcy. *O povo brasileiro: a formação e o sentido do Brasil*. 2 ed. São Paulo: Companhia das Letras, 1995.

Impossível! O mundo será melhor quando cada um fizer a sua parte.

Simplicidade é palavra de ordem. Quanto mais simples for a pessoa, mais ela descobre sua força interior. Um exemplo é o papa Francisco. Sua imagem de simplicidade roda o mundo e comove corações pela força que emana. Assim, move corações, porque somente um coração comovido ordena o corpo e a mente a fazerem algo em prol de outros com uma força incomensurável. Em imagens que dizem mais que mil palavras, o papa Francisco faz refeições junto a funcionários do Vaticano, no refeitório, cada um com sua bandeja, inclusive o Papa; suas imagens numa comunidade de ciganos, na periferia de Roma; andando de ônibus e pagando contas. O papa Francisco é um exemplo de humildade e força a ser seguido. Aquele que o ocupa a função mais importante da Igreja Católica, no seu mais alto escalão, busca assim transformar a Igreja não apenas com palavras, mas com exemplos.

Como querer um mundo melhor, quando nem cumprimentamos o porteiro do nosso prédio? Como ter um mundo melhor quando achamos que aquele lixo que jogamos na rua é inofensivo e não vai prejudicar o planeta? Como querer um mundo melhor se nem sempre respeitamos as leis, por mais irrelevantes que possam parecer, como ceder o lugar nos transportes públicos, dando prioridade aos que a lei dá prioridade (idosos, pessoas com deficiência, mulheres grávidas ou pessoas com criança no colo etc.); devolver o que encontramos e que não nos pertence; dar prioridade aos pedestres quando estamos dirigindo; não burlar outras regras de trânsito. Enfim, uma série de leis que, se cumpridas, tornariam o mundo bem melhor. Isso sem falar das coisas ainda mais sérias, como as sonegações, os desvios, os favorecimentos por interesses pessoais; enfim, as ações que prejudicam os outros e com as quais muitas vezes somos coniventes, ou compactuamos com nosso silêncio ou ignorância.

Faça o bem e o resto vem, porque fazer o bem faz bem. Tudo o que somos e fazemos volta de alguma forma. Se você faz o bem, ele de alguma forma refletirá, mesmo que não veja seus reflexos de imediato. Certamente outros sentirão essa luz que emana de você. Não tenha medo das ofensas, pois os bons, quando incompreendidos, também são ofendidos. Você não precisa esquecer as ofensas, você precisa perdoá-las. Lembre-se sempre: ajudar o próximo faz bem para a saúde (Is 58,7-8). Essa recomendação você não verá em nenhuma embalagem de produtos ou medicamentos, mas deve estar escrita no seu coração e ser uma receita para sua vida. Tenha-a sempre diante de você como se fosse a bula de um medicamento indispensável para uma vida saudável. Por isso, escreva cada dia sua própria história com a pena dos seus atos.

"Quem semeia pouco, colherá também pouco, e quem semeia com largueza, colherá também com largueza" (2 Cor 9,6). Essa é a dinâmica da vida. Portanto, o apelo dessa dinâmica é: não perca tempo, semeie o bem. É claro que muitas sementes se perderão, não darão os resultados esperados, mas muitas vingarão e darão frutos, basta não desistir. Como diz um provérbio chinês: "qualquer um pode contar as sementes de uma maçã, mas só Deus pode contar as maçãs de uma semente". Seus gestos também são assim. Eles podem ser pequenos, imperceptíveis, mas no tempo certo darão resultados, basta praticá-los. Se forem bons, darão bons resultados.

Diz o ditado que "quem semeia vento, colhe tempestades", ou seja, o que semeamos se multiplica. Se semeamos o bem, ele se multiplicará, mesmo que seja um pequeno gesto. Como dizia Madre Tereza de Calcutá, "sei que o meu trabalho é uma gota no oceano, mas sem ele o oceano seria menor". Nossas boas ações e orações podem representar pouco, mas sem elas o mundo seria pior.

Faça o bem ao seu próximo e não queira o mal das pessoas. Essas atitudes não têm preço, tem consequência; mesmo que você não lucre financeiramente com sua honestidade, com a bondade e com a integridade, o mundo ganha com isso, e não há nada mais gratificante que contribuir com a melhora do mundo e da vida das pessoas. Nenhuma tristeza alheia vale a nossa felicidade. Pense nisso quando estiver lutando para realizar seus sonhos, quando estiver competindo ou tentando algo. Sua ação pode não ter visibilidade, mas pode fazer a diferença. Quem passa pela vida sem nunca ter feito algo de bom para os outros, tem uma vida vazia e sem sentido. Pense em si para melhorar seu ser e sua condição, mas não se esqueça dos outros. Faça bem a sua parte e ficará mais fácil ajudar o próximo. Esse é o caminho da santidade: "Assim como é santo o Deus que os chamou, também vocês se tornem santos em todo comportamento, porque a Escritura diz: sejam santos, porque eu sou Santo" (1 Pd 1,15-16).

Além disso, conserve sempre bons princípios, porque eles determinam os meios e esses determinam os fins. Lembre-se: determinam, mas não justificam. Não caia nessas de que os meios justificam os fins. Quem usa meios inadequados, sem escrúpulos, sem ética ou moral para atingir certos fins, mostra ser alguém sem princípios, e uma pessoa sem princípios não poderá ter um bom fim. A natureza é sábia, e Deus, que criou a natureza, é infinitamente sábio. Ele sabe se você cultiva bons princípios, e se usa bons meios para alcançar o que deseja.

Junto às leis, que deveríamos cumprir por obrigação, vem a educação, a polidez e a elegância que fazem o mundo ficar mais bonito baseado em gestos e comportamentos tão simples: dizer um bom dia sincero e com um sorriso no rosto; ajudar alguém que precisa a atravessar a rua; abrir portas, no sentido literal e figurado, deixando aqueles que estão atrás de nós passarem à frente; falar baixo e olhando nos olhos; ouvir mais do que falar; elogiar mais que criticar; destacar mais as qualidades que os defeitos; enfim, ser educado, ser gentil, ser simplesmente mais humano. Nada mais que isto: ser humano. Isso basta para o mundo ser melhor.

E de quem podemos esperar essas atitudes? De nós mesmos. Se cada um fizer sua parte, o mundo será melhor. Então, veja se você já fez sua parte hoje. Se já fez, está contribuindo para o mundo ser melhor. Se ainda não fez, procure fazer hoje e sempre. Como? Sem querer levar vantagem em tudo, nem ser melhor apenas por vaidade. Queira ser o melhor para tornar o mundo melhor, ou tornar as pessoas melhores. Isso é o que conta. O resto é vaidade e isso em nada contribui com a melhoria do mundo. Vaidade serve apenas para alimentar nossa arrogância e deixar o mundo mais feio, porque um mundo de pessoas arrogantes, em que uns se acham melhores que os outros apenas para diminui-los, é um mundo feio e sem sentido. Não somos nada neste mundo e a razão de estarmos aqui se justifica apenas pelo convívio humano, pela solidariedade, pela ajuda mútua. Se não nos ajudarmos uns aos outros, não nos abraçarmos mais, não formos mais generosos e pessoas mais amáveis umas com as outras, perdemos o sentido e a razão da vida. Quem ainda não entendeu isso, não entendeu a razão de viver, e isso se mostra no amor ao próximo.

Assim é também no campo da Educação. Uma educação sem amor é simplesmente uma reprodução da violência, invertendo valores e a ordem das coisas, tornando o oprimido de hoje o opressor de amanhã. Quando a educação é aplicada com amor, ela é libertadora, e os que são oprimidos não querem vingança, mas apenas se libertar da opressão e, uma vez libertos, nunca mais querem ver um ser humano sendo humilhado ou oprimido, porque sentiram na pele a dor da humilhação e da opressão. Porém, quando não há amor, aquele que foi um dia oprimido, ao sair da opressão e obtiver poder, será tão opressor quanto aqueles que o oprimiram, podendo ser ainda pior.

O ideal então é fazer tudo com amor ou nem fazer, pois não vale a pena agir ser amor. Quem tem amor, tem paciência, é prestativo, não é invejoso, não ostenta nada e nem se infla com orgulho ou vaidade, conforme disse o apóstolo Paulo (1 Cor 13,4). Vivamos com amor e assim viveremos de fato.

Considerações finais

O propósito deste livro foi proporcionar uma reflexão acerca das resistências e forças que temos na vida, as quais chamamos de resiliência, que nos possibilitam lidar com as situações mais adversas, sobretudo com aquelas em que o instinto de sobrevivência fala mais alto, superando, assim, grandes obstáculos e as mais terríveis pressões. Há momentos e situações que atravessamos na vida que, depois que passam, temos dificuldade de entender como e onde encontramos forças para suportá-los e resistir.

Sabemos, porém, que o ser humano tem, junto da fé, subterfúgios e procedimentos que o ajudam a lidar com tais situações e, mesmo que não sejam resolvidas, pelo menos ajudam a suportá-las. Algumas histórias de pessoas que suportaram momentos difíceis e enfrentaram situações terríveis, resistindo a todas as adversidades, ajudaram na inspiração deste livro. Assim, foram abordados temas do cotidiano da vida, situações corriqueiras, mas sobre as quais nem sempre paramos para pensar, apenas vamos vivendo de acordo com os costumes e as resistências naturais de nosso ser. Porém, quando paramos para refletir, enxergamos a vida de outro modo e descobrimos mais força, mais coragem, mais tristezas, saúde ou doenças, liberdade ou prisões. Assim, o intuito deste livro foi refletir sobre nossa capacidade de resiliência.

Uma das histórias motivadoras da reflexão sobre esse tema, a resiliência, foi a da menina judia Anne Frank, que ficou por mais de dois anos confinada com sua família, no sótão de uma casa, o "anexo secreto", escondida da perseguição dos nazistas. Durante esses anos de confinamento, ela escreveu um diário no qual relatava os horrores da guerra e tudo o que se passava entre eles nesse esconderijo: os medos, as alegrias, as revoltas e as esperanças, e como lidavam com o tempo e com as circunstâncias da vida naquele lugar gentilmente cedido por amigos. São relatos que mostram com evidência a capacidade de resiliência do ser humano. Mesmo vivendo numa condição subumana, eles encontravam força para resistir e levar a vida da maneira mais normal possível.

Dentro de um pequeno espaço, sem poder sair, ver a luz do sol e sentir a brisa do vento, nem brincar nas ruas como as outras crianças e adolescentes de sua idade, a pequena Anne fez um dos relatos mais comoventes da sua vida, que toca o coração de qualquer pessoa que tem o mínimo de sensibilidade. O diário foi seu confidente e instrumento de sua resiliência. Ela dialogava com ele, e contava tudo o que se passava com ela e com os demais que ali estavam, como se estivesse num confessionário, ou no divã de um psicanalista.

Podemos nos perguntar: como alguém pode ter alegria vivendo nas condições em que ela e sua família viveram? Anne mostra que temos uma capacidade enorme de usar forças dentro de nós e que elas nos fazem enxergar uma luz no fim do túnel, mesmo que a escuridão seja grande. O primeiro ensinamento que encontramos no seu diário é de que não podemos perder o senso de humor, mesmo diante de tragédias e dores terríveis. O humor ajuda a lidar com os monstros que povoam nossa imaginação nos momentos de sofrimento e ficam menos assustadores. Quem consegue rir das próprias desgraças, obtém mais força para lidar com elas e superá-las, diz o senso comum. Foi o que fez Anne Frank no esconderijo. Ela conseguia ver com humor muitas situações que, na verdade, não eram nada engraçadas tendo em vista o contexto e o desfecho da história. Mas, para suportar tamanha dor, o riso era uma arma potente e Anne ria sempre que podia, embora também chorasse muitas vezes. Mas ela conta com tanto humor muitas das histórias vividas, que leva o leitor das lágrimas ao riso num passe de mágica.

Além disso, o fato de ela escrever o que ela estava vivendo fez com que suportasse melhor tudo aquilo. Percebemos claramente nos seus escritos o quanto o diário foi importante para sua resistência física e emocional, e também para desenvolver sua capacidade de resiliência. Ela tratava o diário como se fosse uma amiga muito querida, uma confidente, a qual chamava de "querida Kitty". Assim, ela travou uma relação tão forte de amizade com sua "confidente", que se tornou a coisa mais importante que ela tinha naquele esconderijo para aplacar sua dor. Através dele ficamos sabendo dos sentimentos humanos mais profundos que alguém pode ter numa situação de tragédia ou de prisão, e de como ela teve capacidade para lidar com os problemas externos e internos de sua vida, e também com aquele momento da História. O problema externo principal era a guerra e suas consequências, sobretudo para os judeus que eram levados em massa para os campos de concentração. Quem não se escondesse era morto e, mesmo escondido, a vida corria sérios riscos, pois poderiam ser descobertos a qualquer momento e deportados. E os problemas internos estavam relacionados ao grupo confinado naquele esconderijo, sem privacidades nem liberdade, tendo que lidar com todas as necessidades e limites humanos. Sem contar as situações internas da sua própria pessoa, uma adolescente, em pleno alvorecer da vida e com tudo o que a adolescência traz de mudança no corpo e na psique humana. Assim, os desafios eram inúmeros, um maior que o outro, mas a capacidade de superar os obstáculos e lidar com as situações adversas foi revelada de modo surpreendente, concedendo a ela a resistência necessária para suportar tudo, até o momento em que foi descoberta e deportada. Se não fosse sua capacidade de resiliência, Anne e seus familiares teriam sucumbido ao sofrimento e morrido antes de serem descobertos. Ajudaram nessa resistência a fé e a esperança. Nunca podemos perder a fé e a esperança, pois, se as perdermos, perderemos o sentido da vida e nossa capacidade de lidar com os problemas.

Essa resistência e capacidade de superação são reveladas também na recente história de James Bowen, o jovem usuário de drogas que viveu vários anos nas ruas de Londres, como andarilho, até que encontrou um gato de rua, Bob. Começa, então, uma relação de amizade intensa entre James e Bob, sendo que o jovem recuperou o sentido da vida, saindo das drogas e se estruturando, graças à força para a superação que esse animal lhe trouxe. A história real e comovente de James, contada no livro *Um gato de rua chamado Bob*[43], mostra a capacidade de superação do ser humano quando ele encontra um sentido para sua vida.

---
43 BOWEN, James. *Um gato de rua chamado Bob: a história da amizade entre um homem e seu gato*. Ribeirão Preto: Novo Conceito, 2013.

James, que até então não tinha ninguém por ele, a não ser as drogas e ruas, agora tinha alguém para cuidar, mesmo que fosse apenas um gato. Mas Bob não era um gato qualquer. Embora fosse um "gato de rua", foi colocado por Deus no caminho de James para lhe devolver a vida. Deus tem maneiras inusitadas de nos estender a mão e nos reerguer de nossas quedas. Assim, Bob se apegou a James que se apegou a Bob, criando entre eles verdadeiro laço de amizade e companheirismo. Tudo o que James fazia era para Bob e por Bob, que retribuía, a sua maneira, as atitudes de James. Assim, o gato que encontrou doente e tremendo de frio na porta de sua casa o gratificou com a superação das drogas, concedendo-lhe uma nova vida, inclusive possibilitando que ele ganhasse dinheiro para sobreviver com dignidade. Sem Bob, James teria morrido nas ruas e sem James, Bob também provavelmente teria morrido. Percebemos, assim, que nossa capacidade de superação pode ser despertada por pessoas, animais, coisas ou situações. Desse modo, vemos que:

> *As grandes oportunidades da vida acontecem de formas inesperadas. Podem surgir do gesto confortador de um completo desconhecido, do amigo que sabe dizer as palavras certas no momento certo... Até mesmo uma situação banal pode fazer você reavaliar toda a sua vida.*[44]

Foi assim com James quando encontrou Bob, o gato de rua. Mesmo no fundo do poço, e tendo como companhia somente as drogas, enxergou no gato doente à sua porta o espelho do seu sofrimento. Ele teve compaixão, e a dor de Bob passou a ser sua. Ele acolheu Bob e curou suas feridas, e sem perceber, enquanto curava as feridas de Bob, eram

---

44 Idem.

as suas próprias que estavam sendo curadas. Bob tornou-se assim seu melhor amigo, gratificando James com uma nova vida. Nessa troca mútua, ambos recuperaram a vida. A força de James não estava em Bob, mas ele fez com que James descobrisse a força que tinha dentro de si. Temos, assim, no livro citado, a história de "um homem perdido e de um gato encontrado"[45]. Esse encontro fez com que ambos se reencontrassem e extraíssem de dentro de cada um a força para superar os obstáculos e vencer as adversidades da vida. James contou sua história de recuperação em dois livros que venderam milhões de cópias, ajudando muitas pessoas a recuperar suas forças e sua capacidade para vencer as dificuldades, por pior que sejam.

Numa outra linha, agora mais no campo da ficção, porém com um grandioso poder de revelar a capacidade de resistência (ou resiliência) do ser humano, temos a história de Mackenzie Allen Phillips, narrada em *A cabana*[46], de William P. Young. No livro, o autor traz o drama vivido por Mack, que sofre rejeições da filha mais velha e que perde a filha caçula, seu bem mais precioso, brutalmente assassinada por um estuprador, durante um descuido enquanto faziam um passeio pelo campo. Mack já traz uma história de sofrimento na infância vivida com seu pai, ao qual não conseguia perdoar. Depois passa por essa terrível tragédia e, semelhante à história de Jó, da Bíblia, ele questiona Deus, que responde enviando-lhe um bilhete para que ele fosse até a cabana na qual sua filha fora assassinada. Onde Mack encontraria forças para reviver o local da tragédia? Ele suportaria tamanha dor? E se o bilhete fosse apenas uma armadilha do assassino? E se tudo não passasse de alucinações de uma mente perturbada

---
45 Idem.
46 YOUNG, William P. *A cabana*. São Paulo: Arqueiro, 2008.

pela dor? Todos esses questionamentos, e muitos outros, passam pela cabeça de Mack, mas ele não desiste de ir ao encontro da filha, e daquele que se identificava como "Papai" no bilhete. Era uma coisa ou outra: ir e resolver de uma vez por todas essa situação, ou desistir e amargar para sempre o sentimento de fracasso.

Mack decide ir e encontra a cabana indicada, um lugar abandonado há muito tempo. Assustado, ele adentra a cabana e vê espalhadas pelo chão as roupas ensanguentadas da filha. Ele revive toda a cena e é tomado por uma dor extrema que o faz perder os sentidos. Quando acorda, o lugar está totalmente transformado e, em vez de uma velha cabana, ele vislumbra o céu. Nessa oscilação entre a dor do inferno e o gozo do paraíso, ele encontra Deus, revelado na forma mais humana e inusitada que alguém possa imaginar. O lugar é paradisíaco, mas as pessoas que ele ali encontra são muito humanas. Tão humanas que revelam o divino. Desse encontro do humano com o divino, o Deus Trino (Pai, Filho e Espírito Santo) se revela. Assim, numa convivência fraterna, e em diálogos amistosos, Mack é convidado a rever sua história e a relação conflituosa com seu pai. É motivado a perdoar o pai e a si mesmo, pois somente pelo perdão ele poderia se libertar dos sofrimentos que há anos o acompanhavam, bem como se libertar do sofrimento de ter a filha barbaramente assassinada. Essa luta de Mack contra o sofrimento vai revelando, aos poucos, sua capacidade de lidar com as adversidades e vencer os obstáculos que o impediam de perdoar seu pai e o assassino de sua filha. Nessa trama de sofrimento, vai se desvelando a resiliência de Mack e ele consegue não apenas suportar, mas resolver muitos problemas que o impediam de enxergar em Deus um pai amoroso e misericordioso, já que não tinha tido na vida essa experiência com seu pai, e se culpava o tempo todo por também não ter sido um bom pai para seus filhos.

Encontrar-se com Deus foi fundamental na vida de Mack, fato que o fez mudar radicalmente seus conceitos sobre Deus. Isso nos faz lembrar que quando temos uma verdadeira experiência de Deus, quando encontramos com Cristo, nossa vida é totalmente transformada, como encontramos em muitos relatos bíblicos, tal qual na história de Zaqueu e de tantos outros.

Assim, todas essas histórias, reais e fictícias, nos ajudam a entender essa resiliência, isto é, a capacidade que temos para lidar com os problemas, por mais graves que possam ser, superando-os ou simplesmente resistindo a eles sem sucumbir a essas situações dolorosas e desafiadores, que testam ao extremo nossa capacidade de suportar pressões e sofrimentos.

Referências bibliográficas

ABREU, Caio Fernando. *Ovelhas negras*. Porto Alegre: Sulina, 1995.

ALVES, Rubem. *Concertos para corpo e alma*. Campinas: Papirus, 2000.

_____. *O sapo que queria ser príncipe*. 2 ed. São Paulo: Planeta, 2014.

_____. *Ostra feliz não faz pérola*. São Paulo: Planeta, 2008.

_____. *Se eu pudesse viver minha vida novamente...* Campinas: Verus, 2004.

_____. *Sobre o tempo e a eternidade*. Campinas: Papiros, 1996, p. 112.

_____. *Tempus Fugit*. São Paulo: Paulinas, 1990.

ARISTÓTELES. *Ética a Nicômaco*. Tradução de Torrieri Guimarães. São Paulo: Martin Claret, 2001.

BÍBLIA SAGRADA, edição Pastoral. Livro do Eclesiastes 3, 2-8. São Paulo: Paulus, 1990.

BOWEN, James. *Um gato de rua chamado Bob: a história da amizade entre um homem e seu gato*. Ribeirão Preto: Novo Conceito, 2013.

BOWEN, James. *O mundo pelos olhos de Bob: as novas aventuras de James e seu gato*. Ribeirão Preto: Novo Conceito, 2014.

BRECHT, Bertolt. *O analfabeto político: textos escolhidos*. Tradutor Manuel Bandeira. São Paulo: Letras e Livros, 1990.

CAYMMI, Nana. Resposta ao tempo. De Cristóvão Bastos e Aldir Blanc. Em: *Resposta ao tempo*. EMI: 1998, faixa 1, CD.

CNBB (Traduzida). Missal Romano. 16 ed. São Paulo. São Paulo: Paulus, 2012.

DARWIN, Charles. *A origem das espécies*. Tradução de Anna Duarte. São Paulo: Martin Claret, 2004.

DESCARTES, René. *O discurso do método*. São Paulo: Martin Claret, 2008.

DOSTOIÉVSKI, Fiódor. *Os irmãos Karamázov*. Tradução de Paulo Bezerra. São Paulo: Editora 34, v. 2, 2013. São Paulo: Editora 34, 2013.

EINSTEIN, Albert. *Como vejo o mundo*. Rio de Janeiro: Nova Fronteira, 2015.

ELIOT, T.S. Em: ALVES, Rubem. *A escola que sempre sonhei sem imaginar que pudesse existir*. Campinas: Papirus, 2001.

FERNÃO Capelo Gaivota. Direção e produção: Hall Bartlet. EUA: Paramount Pictures, 1973, DVD (120 minutos). Título original: *Jonathan Livingston Seagull*.

FRANK, Anne. *O diário de Anne Frank*. 37 ed. int. Rio de Janeiro. Rio de Janeiro: Record, 2013.

FREIRE, Paulo. *Pedagogia do oprimido*. 23 ed. São Paulo São Paulo: Paz e Terra, 1987.

GADÚ, Maria. Anjo de guarda noturno. De Miltinho Edilberto. Em: *Mais uma página*. Som Livre: 2011, faixa 2, CD.

HOLANDA, Chico Buarque de. Pedaço de mim. De Chico Buarque de Holanda. Em: *Ópera do malandro*. Universal Music: 1978, faixa 15, LP.

ISOCRATES I. *The Oratory of Classical Greence*. EUA: University of Texas Press, 2000, vol. 4.

JORDAN, Michael. *Nunca deixe de tentar*. Rio de Janeiro: Sextante, 2009.

KIERKEGAARD, Søren. *Temor e tremor*. São Paulo: Hemus, 2008.

MORAES, V. Samba da bênção. De Vinicius de Moraes e Baden Powell. Em: De Baden para Vinicius. WEA: 2010, faixa 12, CD.

NIETZSCHE, Friedrich. *Assim falou Zaratustra: um livro para todos e para ninguém*. Tradução de Paulo César de Souza. São Paulo: Companhia das Letras, 2011.

NORMAN, Larry. *Roll away the stone*. EMI: 1980, faixa 3, LP.

NUNES, Aparecida Maria (Org.). *Clarice na cabeceira*. Rio de Janeiro: Rocco, 2012.

ORIHUELA, Rocio Hernando. *Madre Teresa: Aliento de Vida*. Espanha: Createspace, 2012.

PEREIRA, José Carlos. *Desejo de eternidade*. São Paulo: Ave-Maria, 2008.

_____. *Os sete dons do Espírito Santo e as virtudes da fé*. São Paulo: Santuário, 2010.

_____. *Reflexões sobre o Pai-Nosso*. São Paulo: Loyola, 2013.

PESSOA, Fernando. *O livro do desassossego*. São Paulo: Companhia das Letras, 2006.

POLO, Alberto (Org.). *O pensamento vivo de Mahatma Gandhi*. São Paulo: Minibooks, 2012.

POWERS, Margaret Fishback. *Livro de pensamentos diários*. Alfragide, Portugal: Estrela do Mar, 2009.

RIBEIRO, Darcy. *O povo brasileiro: a formação e o sentido. do Brasil*. 2 ed. São Paulo: Companhia das Letras, 1995.

SCHOPENHAUER, Arthur. *A sabedoria da vida. A arte de organizar a vida e ter prazer e sucesso*. São Paulo: Golden Books, 2007.

SEIXAS, Raul. Medo da chuva. De Raul Seixas e Paulo Coelho. Em: *Gita*. Philips Records: 1974, faixa 2, LP.

SNOW, Richard. *Ford, o homem que transformou o consumo e inventou a era moderna*. São Paulo: Saraiva, 2014.

SUASSUNA, Ariano. *Auto da Compadecida*. São Paulo: Agir, 1972.

TEMPOS Modernos. Direção: Charlie Chaplin. Produção: Patriciu Santans. EUA: United Artists, 1936. DVD (87 minutos). Título original: *Modern Times*.

VALENÇA, A. Solidão. De Alceu Valença. Em: *Mágico*. Polygram: 1984, faixa 1, LP.

VELOSO, Caetano. Felicidade. De Lupicínio Rodrigues. Em: *Temporada de verão – ao vivo na Bahia*. Universal Music: 1974, faixa 9, LP.

WILDE, Oscar. *O retrato de Dorian Gray*. São Paulo: Martin Claret, 2001.

WITTGENSTEIN, Ludwig. *Tractatus Logico-Philosophicus*. Tradução de José Arthur Giannotti. São Paulo: Companhia Editora Nacional/Editora da Universidade de São Paulo, 1968.

YOUNG, William P. *A cabana*. São Paulo: Arqueiro, 2008.

Esta obra foi composta em CTcP
Capa: Supremo 250g – Miolo: Book Ivory Slim 65g
Impressão e acabamento
Gráfica e Editora Santuário